LA JUSTICE RÉPARATRICE

Une justice nouvelle enracinée
dans la tradition africaine

Logiques Juridiques

Fondée par Gérard Marcou

Dirigée par Jean-Claude Némery et Thomas Perroud

Le droit n'est pas seulement un savoir, il est d'abord un ensemble de rapports et pratiques que l'on rencontre dans presque toutes les formes de sociétés. C'est pourquoi il a toujours donné lieu à la fois à une littérature de juristes professionnels, produisant le savoir juridique, et à une littérature sur le droit, produite par des philosophes, des sociologues ou des économistes notamment. Parce que le domaine du droit s'étend sans cesse et rend de plus en plus souvent nécessaire le recours au savoir juridique spécialisé, même dans des matières où il n'avait jadis qu'une importance secondaire, les ouvrages juridiques à caractère professionnel ou pédagogique dominent l'édition, et ils tendent à réduire la recherche en droit à sa seule dimension positive. À l'inverse de cette tendance, la collection « Logiques juridiques » des éditions L'Harmattan est ouverte à toutes les approches du droit. Tout en publiant aussi des ouvrages à vocation professionnelle ou pédagogique, elle se fixe avant tout pour but de contribuer à la publication et à la diffusion des recherches en droit, ainsi qu'au dialogue scientifique sur le droit. Comme son nom l'indique, elle se veut plurielle.

Dernières parutions

Romain FEYDEL, *Le refinancement d'entreprises en difficulté, L'optimisation juridique du concept de capital-retournement*, 2021

Nicolas DEMONTROND, *Le préfet stratège. La déconcentration en Basse-Normandie de 1981 à 2017*, 2021.

Marie-Laure BESSON, *L'obligation de délivrance dans les baux commerciaux,* 2021.

Louise FORT et Jean-Baptiste GUYONNET (dir.), *Consentement et droit public,* 2021.

Souleymane DIARRA, *La responsabilité contractuelle, du transporteur aérien, en droit malien, Contribution à l'étude de l'application des conventions internationales dans un contexte africain,* 2021.

Mariam Hamzeh TARCHICHI, *Le droit international de la délimitation des frontières,* 2021.

Rahma Bentirou Mathlouthi, *Le droit à un environnement sain en droit européen, Dynamique normative et mise en œuvre jurisprudentielle*, 2020

Serge SURIN, *Les travaux préparatoires dans l'interprétation constitutionnelle. Étude d'une stratégie interprétative du Conseil consitutionnel français*, 2020.

Romain SOUSTELLE, *Réchauffement climatique et droit des brevets. Carcan du pollueur et turbine de l'innovation verte*, 2020.

Thérèse de Villette

LA JUSTICE RÉPARATRICE

Une justice nouvelle enracinée dans la tradition africaine

Préface de Zobo Guinan

L'Harmattan

Du même auteur

Faire justice autrement,
le défi des rencontres entre détenus et victimes,
Mediaspaul, Montréal, 2009.

5-7, rue de l'Ecole-Polytechnique, 75005 Paris
http://www.editions-harmattan.fr
ISBN : 978-2-343-22840-2
EAN : 9782343228402

Remerciements

Je tiens à remercier toutes les personnes qui ont contribué avec moi à la rédaction de ce livre, de près ou de loin et en particulier ma communauté xavière.

Sans oublier ceux qui au Québec m'ont fait découvrir la justice réparatrice et qui constamment m'y encouragent tels que mes amis et anciens collaborateurs du Centre de Service de Justice Réparatrice de Montréal, mes remerciements vont à l'endroit de ceux qui m'ont permis de la mettre en pratique en Côte d'Ivoire : ceux qui m'ont facilité la proximité du milieu carcéral tels que les autorités judiciaires et correctionnelles, ainsi que ceux qui ont soutenu financièrement les deux programmes réalisés à Abidjan et à Duékoué à savoir la GIZ (coopération allemande) le Fonds Social de Développement de l'Ambassade de France en CI, ainsi que la Fondation K .Adenauer.

Enfin et surtout mes remerciements s'adressent aux membres des deux associations ANAP et RENAITRE notamment les jeunes criminologues ou psychologues, ainsi qu'aux leaders de groupes de Duékoué, qui ont manifesté tant d'enthousiasme et de fidélité à assurer la qualité des rencontres, sans oublier les nombreux agresseurs et victimes qui ont osé se rencontrer dans la confiance, dans le désir de « renaître » à une vie nouvelle par-delà la fracture.

Puisse notre expérience commune profiter à bien d'autres qui souffrent des conséquences d'actes criminels.

PREFACE

Avant tout propos, je voudrais tout d'abord m'acquitter d'un agréable devoir, celui de remercier du fond du cœur Sr Thérèse de VILLETTE, de l'honneur qu'elle me fait en me choisissant, pour rédiger la préface de son excellent ouvrage intitulé : « la justice réparatrice, une justice nouvelle enracinée dans la tradition africaine. Quand agresseurs et victimes se rencontrent » !

L'auteure de cet ouvrage, Sr Thérèse de VILLETTE, est une religieuse de la congrégation des Xavières. Elle est titulaire d'une maîtrise de criminologie obtenue à l'Université de Montréal au Canada. Après un service de trois ans à l'INADES, Institut Africain de Développement Economique et Social d'Abidjan, elle a séjourné une deuxième fois en Côte d'Ivoire pendant dix ans à Korhogo, dans le Nord du pays et récemment, de 2008 à 2016, à Abidjan, capitale économique. Je peux dès lors témoigner que Sr Thérèse de VILLETTE, passionnée de la terre africaine, est une « Africaine d'adoption ».

En effet, dans les années 1983 à 1986, la providence m'a donné la chance de faire sa connaissance, quand j'ai été nommé en qualité de Procureur de la République près le Tribunal de Première Instance de Korhogo, ville située à environ 700 km d'Abidjan. Pendant cette période, j'ai eu avec elle, de nombreuses rencontres professionnelles axées sur la situation carcérale des détenus de la Maison d'Arrêt de Korhogo, ce qui m'a permis de constater objectivement, le dévouement et l'engagement, dont elle a fait preuve à leur égard, quant aux problèmes relatifs à leur insertion sociale. Nos relations se sont poursuivies à Abidjan, dans le même esprit quand il s'est agi cette fois de faire la promotion de son premier ouvrage intitulé : « Faire justice autrement ». Je ne suis donc pas surpris que quelques années après Korhogo, Sr Thérèse ait entrepris de donner une dimension plus scientifique et académique à son cheminement, en se consacrant à des études qui lui confèrent aujourd'hui la légitimité de proposer des solutions nouvelles. Celles-ci concernent entre autres le sort réservé par la justice institutionnelle aux délinquants qui ont commis des infractions à la loi pénale et qui subissent la rigueur de la loi, par l'exécution de lourdes peines d'emprisonnement, en cas de verdict de culpabilité.

Or, dans l'Afrique ancestrale, la prison telle que nous la connaissons aujourd'hui, n'existait pas. Les affaires même les plus graves étaient jugées, « sous l'arbre à palabres » par un collège de notables, « les vieux sages », dépositaires de la tradition, des us et coutumes du terroir. En effet, l'objectif recherché dans ces jugements-là, « sous l'arbre à palabres », au-delà des amendes que ce collège pouvait être amené à infliger aux auteurs des infractions, n'était pas l'exclusion ou l'incarcération du délinquant, mais le maintien de la paix sociale et de la cohésion au sein des familles et de la communauté du village. C'est sans nul doute dans cette tradition africaine que s'inscrit l'auteure de l'ouvrage qui, marquée par son séjour et son expérience en Afrique, pose à travers ses écrits, les bases d'une justice nouvelle ou alternative, appelée la justice réparatrice. De cette justice, l'auteure donne la définition suivante : « La justice réparatrice est la démarche qui vise à créer l'équilibre social perturbé par un crime, en redonnant aux parties concernées, victime, agresseur et personnes de la communauté, le pouvoir d'entrer en dialogue à part égale, d'exercer leur responsabilité et de reprendre leur place dans la société. Elle est, pour les parties, engagement dans une démarche de réparation, avec l'aide de médiateurs ».

Cette initiative nouvelle proposée par l'auteure me semble être une voie très crédible. En effet, il convient de proposer aux pays africains, pour lesquels l'ouvrage a été écrit en priorité, d'instaurer des réformes audacieuses, dans leurs législations nationales. Celles-ci permettront alors aux responsables judiciaires la mise en œuvre de cette nouvelle expérience et les y encourageront surtout à l'heure où « la législation correctionnelle cherche à faire face à la récidive et à la surpopulation des prisons, d'autant que les faits manifestent que la justice pénale ou punitive n'atteint pas souvent son objectif ».

Pour l'Afrique, héritière aujourd'hui des modèles européens de la justice pénale fondée sur le châtiment, tels que les peines de prison et l'emprisonnement, le moment n'est-il pas venu, de rechercher dans ses propres racines, les ingrédients lui donnant l'opportunité de faire bénéficier à ses enfants d'une justice moins lourde, plus humaine, et plus compréhensible ? En tout état de cause l'ouvrage nous enseigne, qu'à côté de la justice institutionnelle telle que nous la connaissons, il existe une justice qui est susceptible, sans rechercher l'emprisonnement de l'auteur de l'infraction, de briser les barrières qui ont toujours existé entre victimes, auteurs d'infraction et la société, par la libération de la parole. Je remercie encore une fois de plus Sr Thérèse de VILLETTE pour cet ouvrage d'avant - garde qui nous apporte un éclairage tout à fait nouveau. Je souhaite plein succès à cet excellent ouvrage.

X

ZOBO GUINAN,
Avocat Général à la Cour de Cassation à la retraite,
Ex Agent Judiciaire du Trésor de Côte d'Ivoire

INTRODUCTION

Ce guide pédagogique sur la justice réparatrice est le fruit de mon expérience. Après de longues années de fréquentation des prisonniers en Côte d'Ivoire, au Tchad et au Québec j'ai découvert cette nouvelle forme de justice en préparant une maîtrise de criminologie, à l'Université de Montréal. J'ai expérimenté moi-même une de ses formes : les rencontres entre détenus et victimes, qui font l'objet de cet ouvrage, tout d'abord comme victime secondaire puis comme animatrice-médiatrice. En effet le meurtre d'une jeune sœur au Tchad en 1997[1] par un des prisonniers que je visitais et que j'avais essayé d'aider à sa sortie m'a contrainte à me cacher puis à quitter brusquement le pays. Celui-ci avait déclaré à la police qu'il « voulait se venger de moi sur ma petite sœur ». Mais ce prétexte n'avait aucune mesure avec son acte. En effet, comme il commençait à voler je lui avais signifié que j'arrêtais de collaborer avec lui. Tout me laisse à penser que cette frustration fut exploitée et payée par un tiers jaloux de ma jeune sœur Christine, 34 ans, médecin dont le projet de lutte contre le sida venait d'être financé. Contrainte de quitter le Tchad, je suis allée au Québec où j'ai découvert, par hasard, la nouveauté de la justice réparatrice que j'ai travaillée dans le cadre d'une maîtrise en criminologie à l'Université de Montréal, et dont j'ai fait moi-même l'expérience en tant que victime secondaire dans un programme de rencontres entre victimes et agresseurs. J'ai pu y guérir ma blessure de victime secondaire de meurtre dans le face à face avec des personnes détenues condamnées pour meurtre.

En testant le bien-fondé de cette pratique, j'en ai fait l'objet de ma recherche universitaire. Par la suite, j'ai pu poursuivre de nombreuses

---

[1] T.de VILLETTE *Faire justice autrement, le défi des rencontres entre détenus et victimes,* Médiaspaul, Montréal, 2009.

fois l'expérience avec d'autres victimes et détenus dans des pénitenciers de la région québécoise, et finalement donner de l'extension à cette forme de justice en participant à la création du *Centre de Services de Justice Réparatrice* de Montréal en 2001.[2]

Je constatais que cette justice caractérisée par la circulation de la parole pouvait convenir à toutes sortes de crimes, et à différentes cultures. Je retrouvais notamment dans ces pratiques une grande parenté avec les palabres traditionnelles africaines. J'ai alors songé à retourner en Afrique en 2008 pour y proposer cette expertise acquise. Cet ouvrage voudrait rendre compte de cette nouvelle expérience, en Côte d'Ivoire, où j'ai pu, de 2012 à 2016, réaliser, avec la collaboration de jeunes Ivoiriens étudiants en criminologie et une équipe de professionnels, deux importants programmes de rencontres entre agresseurs et victimes. Ma pratique et mon étude de la justice réparatrice à Montréal allaient ainsi à la rencontre de la pratique traditionnelle de justice rendue dans les villages africains « sous l'arbre à palabres », puisqu'elle se caractérisait essentiellement par la circulation de la parole. Connaissant déjà ce pays par deux séjours précédents dont dix ans à Korhogo où j'avais pu écouter les anciens d'une part, et entrer régulièrement à la prison pour visiter les prisonniers d'autre part, je pensais que l'expérience en valait la peine, bien que, en Côte d'Ivoire, le Code pénal, héritier du modèle français, semble en ignorer le concept.

La justice réparatrice, dite « restaurative » en France, n'a été consacrée par la loi française que le 15 août 2014 (art.10) et son application y est encore timide. Malgré la circulaire du 15 mars 2017, très explicite et encourageante, ce paradigme nouveau a du mal à se traduire dans la pratique tant est forte la culture punitive.

La sanction y est encore fortement centrée sur la détention en réponse au crime, c'est- à- dire sur l'exclusion de la communauté, alors que la pratique traditionnelle africaine a pour effet de réintégrer l'offenseur

---

[2] C.S.J.R. Centre de Services Justice Réparatrice. Montréal www.csjr.org

dans sa communauté naturelle après réparation faite à celle-ci et à la famille de la victime en particulier.

Lors de mon retour à Abidjan (2008-2016), les quelques démarches auprès du Directeur des affaires pénitentiaires et les conférences que j'ai pu faire en ville m'ont confirmée dans l'idée que l'Afrique était le terrain favorable pour initier, sous une forme moderne, ce qui était solidement enraciné dans la tradition. Aussi, ai-je obtenu facilement l'autorisation officielle du Ministère de la Justice de faire l'expérience d'un programme de justice réparatrice dans la grande *Maison d'Arrêt et de Correction d'Abidjan* (la MACA) avec les détenus dits dangereux, résidant dans le bâtiment C des « blindés ». Le support de l'association ANAP (*Association Nationa*le *d'Aide aux Prisonniers*) dont j'étais membre m'a permis de solliciter le financement extérieur nécessaire à la réalisation du projet. Une subvention me fut accordée généreusement par le *Fonds Social de Développement* (FSD) de l'Ambassade de France, et la coopération allemande GIZ pour le projet de la MACA de 2012 à 2014. Le succès de cette formation et session de rencontres entre détenus et victimes m'a stimulée à reprendre l'opération.

Cette fois, c'était au bénéfice d'une communauté humaine fort perturbée par la crise post-électorale (2011), la ville de Duékoué dans l'Ouest du pays. Je l'ai menée avec l'association *Renaître*, toute nouvellement créée pour la promotion de la justice réparatrice, et avec le concours des leaders de groupes locaux de cette région. C'est alors la *Fondation K.Adenauer* (ONG allemande) qui s'est intéressée au projet et l'a suivi de très près en lui apportant le financement nécessaire. Le cadre n'était plus celui d'une prison mais celui d'un milieu ouvert où victimes et ex-combattants se côtoyaient encore quotidiennement dans un climat de peur, de méfiance et de volonté de vengeance qu'il est facile d'imaginer. Tout un défi à relever.

Voici en quels termes je présentais en 2015 le projet de ce programme ROV (Rencontres Offenseurs Victimes) en milieu ouvert.

« Certains quartiers tels que Yopougon, Abobo, etc et certaines régions comme la région Ouest ont été moralement déchirés. Les femmes ont été particulièrement touchées soit comme victimes secondaires, voyant leur mari ou enfants torturés sous leurs yeux, soit comme victimes directes de viols ou sévices et souvent de spoliation de tous leurs biens. Il devient urgent d'offrir aux victimes l'opportunité de se guérir des traumatismes subis, de retrouver leur propre bien-être et de rétablir la sérénité dans ces régions en calmant l'esprit de vengeance toujours prêt à se réveiller.

Aujourd'hui, la Côte d'Ivoire malgré ses efforts spectaculaires de redressement économique, se remet difficilement de ses blessures. Tous ces mois de conflit post-électoral ont profondément secoué la population meurtrie par des traumatismes physiques et psychologiques profonds, accentués par la situation économique difficile d'une partie de la population. Cependant des efforts de réconciliation sont souhaités par tous. Face à ce constat, une *Commission Dialogue Vérité et Réconciliation* (CDVR) a été mise en place pour réconcilier les Ivoiriens et faire justice à nombre de victimes de ces actes de violence tout en cherchant à guérir les blessures. Mais cette instance ne pourra avoir sa pleine efficacité que si la violence est gérée à la base par la transformation des personnes en vue d'un vivre ensemble pacifique au quotidien. Des groupes cherchent une alternative à cette violence qui couve encore et laisse le pays dans l'insécurité.

L'ONG *Renaître* s'inscrit donc dans cette perspective de réconciliation en atteignant une population très vulnérable. Elle propose d'apporter sa note spécifique de prise en charge psycho-sociale des victimes pour les acheminer vers une guérison complète de leur traumatisme par l'écoute. Elle le fait par une formation spécifique et des rencontres entre victimes et auteurs d'actes criminels. Les acteurs du présent projet ont déjà réalisé un projet semblable au sein de la MACA, la grande prison d'Abidjan en 2012-2014. Les résultats positifs de l'opération encouragent les acteurs de *Renaître* à proposer leurs services à tel ou tel quartier ou telle ou telle région de la Côte d'Ivoire. Ils sont prêts à adapter leurs propositions aux besoins locaux, mais toujours dans la même perspective, celle de la « justice réparatrice ».

Ce projet a donc pu se réaliser avec des professionnels ivoiriens.

La sanction selon le Code pénal en Côte d'Ivoire y est encore fortement centrée sur la détention en réponse au crime, c'est- à- dire sur l'exclusion de la communauté, alors que la pratique traditionnelle africaine a pour effet de réintégrer l'offenseur dans sa communauté naturelle après réparation faite à celle-ci et à la famille de la victime en particulier.

Avant d'exposer la pédagogie concrète de ces programmes, il convient de présenter rapidement ce qu'est la justice réparatrice et d'en révéler les effets.

La justice réparatrice, (venant de *restorative justice* en anglais), est bien connue aux USA avec Howard Zerh,[3] et au Canada où elle est née à Kitchener en Ontario (1974). Elle est intégrée à la législation de nombreux pays notamment en Belgique et en France (15.08.2014). Rappelons la définition qu'en donnait déjà en 2002 la résolution de l'ONU[4] :

1. « Le terme « programme de Justice réparatrice » désigne tout programme qui fait appel à un processus de réparation et qui vise à aboutir à une entente de réparation.

2. Le terme « processus de réparation » désigne tout processus dans lequel la victime et le délinquant, et lorsqu'il y a lieu, toute autre personne ou tout autre membre de la communauté subissant les conséquences d'une infraction, participent ensemble activement à la résolution des problèmes découlant de cette infraction, généralement avec l'aide d'un facilitateur. Les processus de réparation peuvent

[3] Howard ZERH, *Retributive Justice Restorative Justice, New perspectives on crime and Justice*, 1985.

[4] ONU, Conseil Economique et social des Nations Unies (E/2002/30), *Principes fondamentaux relatifs au recours à des programmes de justice réparatrice en matière pénale*, 2002

englober la médiation, la conciliation, le forum de discussion et le conseil de détermination de la peine, etc… »

Pourquoi faire justice autrement ?

Même dans les pays qui se veulent États de droit et sociétés démocratiques, force est de reconnaître que la justice pénale ou punitive n'atteint pas vraiment son objectif. Certes, celle-ci vise l'harmonie de la société en la protégeant d'individus dangereux par l'arrêt d'agir de l'infracteur, et en renforçant l'autorité de la loi par le calcul d'une peine automatiquement attribuée au délinquant selon la gravité de son acte. Mais la peine est un mal infligé pour un mal commis. Sommes-nous si loin du fameux dicton vengeur « œil pour œil, dent pour dent » ? Et puis le taux de criminalité diminue-t-il ? La récidive est-elle réduite ? Les personnes sont-elles « corrigées » par les mesures du service dit « correctionnel » ?

La détention a-t-elle fait réfléchir les personnes incarcérées, comme on le présuppose ? Bien peu. Le dépouillement de toute liberté et responsabilité, voulu par la prison, permet-il au détenu quelque développement de sa valeur humaine en vue d'un changement de comportement ? Il suffit de fréquenter longtemps le milieu carcéral, que cela soit en Occident ou en Afrique comme j'ai pu le faire, pour se persuader du contraire.

Les conditions de vie de plusieurs prisons africaines que je connais anéantissent souvent chez l'individu sa capacité d'être responsable et son aptitude à vivre en société. L'empilement des êtres humains comme du bétail dans des espaces exigus et étouffants, un régime alimentaire et sanitaire réduit à l'extrême minimum, l'oisiveté et la violence internes, les humiliations de toutes sortes, sans parler de la torture, sont trop souvent qualifiables de « conditions inhumaines et dégradantes », exclues par l'article 5 de la *Déclaration Universelle des Droits de l'Homme.* En effet, la personne est trop souvent réduite à devenir un numéro d'écrou, oisif et frustré, ruminant la haine et prévoyant la violence, occupé à fourbir ses armes de vengeance contre la société, à sa sortie. Pire, le détenu voit souvent sa santé complètement détériorée et son avenir à jamais compromis. Quant à la famille du détenu, elle s'épuise dans la honte, faisant souvent un long trajet et de longues heures d'attente au soleil devant la prison, pour apporter le peu de nourriture dont elle dispose encore. En effet, la source de revenus se tarit puisqu'elle venait justement du travail de ce parent désormais détenu « à l'intérieur ».

De son côté la victime d'acte criminel est ignorée ou presque dans sa souffrance, et le traumatisme psychologique que le crime a provoqué chez elle et son entourage n'est souvent ni considéré ni pris en charge.

Si la *Déclaration Universelle des Droits de l'Homme (1948)* a contribué à donner une formidable impulsion à la réforme du droit et à l'esprit des institutions pénales de nombreux pays, on peut se demander dans quelle mesure ce mouvement a abouti à plus de liberté et de respect des droits humains ? Les vraies questions demeurent et pourraient se formuler ainsi à la suite de L. Berzins :[5]

> « Comment amener un délinquant à comprendre l'impact de ses gestes et à reconnaître le tort causé à la victime ? Comment susciter chez lui le désir de réparer les torts qu'il a causés ?
>
> Comment une victime peut-elle définir sa souffrance et se libérer de l'angoisse qui pèse sur elle ? Comment lui faire comprendre qu'elle n'est pas responsable des événements, mais qu'elle est capable de résilience et de reprendre sa vie en mains ?
>
> Comment la communauté peut-elle manifester sa désapprobation du geste criminel posé, sans pour autant exclure la personne qui en est coupable? Comment la communauté peut-elle aider à la réinsertion sociale de celui qui se situe en marge et parer à la récidive ?

[5] L. BERZINS, promotrice de la *justice réparatrice* au Canada, les formulait déjà avec vigueur au Colloque de la Société de criminologie du Québec en 1999

Comment la société peut-elle parvenir à retrouver son harmonie dont la Justice est garante ? »

La justice réparatrice appelée *restaurative* par la législation française, ou *transformatrice* par d'autres, se propose de faire face à ces interrogations. Personnellement, je préfère le terme de *réparatrice* car elle vise la réparation et je consonne tout à fait à la réponse que le philosophe Patrick Boucheron[6] faisait récemment à une journaliste qui lui demandait : qu'est-ce que la réparation ?

> « *Je dirais volontiers : le contraire de la restauration. On ne peut bien réparer que ce qu'on renonce à rétablir dans son état initial. En ce sens c'est une attitude active, curieuse et altruiste ; Une manière de se tenir face au passé, et plus profondément face à ce qui nous affecte dans les blessures du temps. Mais on pourrait dire aussi que l'on répare pour ne pas remplacer* ».

L'expérience montre que le dialogue en justice réparatrice permet une transformation des participants et les ouvre à une nouveauté.

---

[6] Patrick Boucheron, Propos recueillis par Joelle Gayot. Revue Télérama 23/12/20 p.4

CHAPITRE I

QU'EST-CE QUE LA JUSTICE REPARATRICE ?

1. Origines

- ***Les racines africaines de la justice réparatrice : sous « l'arbre à palabres. »***

La justice réparatrice trouve ses racines dans la façon traditionnelle d'exercer la justice pratiquée par les cultures anciennes amérindiennes ou africaines.

En Afrique, on parle souvent de « *la justice sous l'arbre à palabres* ». Dans le village en effet un arbre est particulièrement sacré parce que significatif, symbole de la communauté : ses racines plongent dans la terre des ancêtres et se nourrissent de leur esprit pour les discernements qu'elle a à exercer, et les jugements à prononcer. Symbole de la vitalité et de l'unité du village, cet arbre abrite les séances de jugement. L'esprit du clan y monte telle une sève, pour irriguer les différentes branches de l'arbre social. Un meurtre a été commis dans un village ? Les notables se réunissent et si l'auteur a été identifié, la famille de celui-ci devra rencontrer la famille de la victime : la palabre est ouverte.

Le notable donne la parole aux deux parties et aux représentants de la communauté, afin de déterminer ensemble la réparation qui convient le mieux à tous. L'auteur du crime aura certes à supporter la honte de son geste mais il ne sera pas exclu de la communauté, si ce n'est temporairement mais non définitivement. Celle-ci au contraire n'aura de cesse pour sa survie que la réparation soit achevée, afin que le délinquant soit réintégré et reprenne ses responsabilités sociales. Donc pas d'exclusion de la communauté, à l'opposé de la détention pénale qui est exclusion, pas de procès par intermédiaire, mais un souci constant d'harmonie à retrouver entre les vivants et les morts.

Certes la loi du clan et surtout la mémoire collective, qu'on pourrait appeler, en langage moderne la jurisprudence, sont des références, mais ce sont les notables censés être sages qui font autorité pour aboutir à un certain consensus. Tout en restaurant la cohésion du groupe perturbée par la commission d'un crime, cette forme de justice engage la communauté dans un processus de réparation en réaffirmant l'esprit des ancêtres dont la sève de l'arbre rappelle la vitalité. Cependant certaines limites peuvent apparaître. Parfois certains chefs risquent d'abuser de leur pouvoir au détriment de la prise de parole libre de tout un chacun, notamment les femmes souvent mises à l'écart. Parfois aussi la référence à la tradition ne respecte pas de fait les droits humains au sens habituel et moderne du terme pour cacher la recherche d'intérêts privilégiés particuliers. Le processus risque alors de devenir arbitraire et injuste au détriment de telle ou telle partie socialement défavorisée ou mal considérée.

Une autre limite de cette justice traditionnelle pourrait être d'envisager la réparation uniquement comme une compensation matérielle pour la famille de la victime et pour les notables eux-mêmes (amende en nature ou en argent) sans qu'un réel changement psychologique et moral des auteurs et victimes ne soit assuré. Enfin, la dimension publique et la pression sociale peuvent être des freins à l'expression des personnes concernées par le crime. Il n'en reste pas moins que cette forme de justice manifeste la force du dialogue pour aboutir à la conciliation. C'est alors que les garanties modernes des droits humains peuvent rectifier et parer aux risques de déviation d'autoritarisme et de corruption.

On objectera que cette justice sous l'arbre à palabres n'est plus possible aujourd'hui car avec la modernité, la vie plus ou moins anonyme des quartiers urbains dilue les liens sociaux. Certes, la culture des pays africains est en grande mutation, mais les valeurs communautaires existent et la justice peut les renforcer. C'est l'option de la justice réparatrice qui, consciente des limites de la cohésion sociale et de l'environnement, en adaptera les conditions d'exercice, et visera à permettre un dialogue libre entre agresseurs et victimes, soutenus par des membres de la communauté.

Mon expérience de ces rencontres lors de deux projets, l'un en détention, l'autre dans la communauté de Duékoué, ville de l'Ouest de la Côte d'Ivoire, m'a prouvé l'efficacité de cette justice, quelle que soit la variété de la culture qui l'adopte. En effet, je l'avais moi-même expérimentée durant dix ans au Québec, dans cette culture totalement différente de la culture africaine, la culture occidentale du Canada, avec quasiment les mêmes résultats de transformation.

- ***Naissance de la justice réparatrice moderne au Canada.***

C'est en 1974 au Canada, dans la ville d'Elmira près de Kitchener, en Ontario, que furent inaugurées les premières médiations. À l'initiative de deux éducateurs mennonites, M. Yantzi, travailleur social et D.Worth, agent de probation. Ils eurent l'idée de demander aux autorités judiciaires l'autorisation de provoquer des rencontres entre deux jeunes contrevenants, accusés de vol et vandalisme, et leurs 21 victimes. Après demande insistante auprès du Procureur, ils furent autorisés à provoquer un face à face direct de ces jeunes avec les familles victimes, sous leur propre contrôle. Faisant office de médiateurs, ils les aidèrent ainsi à réaliser les conséquences de leurs actes et à envisager une réparation pour les victimes. En fait, les jeunes furent ensuite condamnés seulement à 18 mois de probation et obligés à payer aux victimes une petite amende de 550 $ Ca. dans un délai de trois mois. Ce qui fut fait à la satisfaction de tous les protagonistes.

Le succès de cette initiative encouragea l'application de cette mesure aux délinquants majeurs volontaires. La médiation se répandit alors en Amérique du Nord puis en d'autres pays dans le monde. *Victim Offender Reconciliation Program* (VORP) par exemple, depuis plus de 40 ans, organise en Amérique du Nord des programmes de rencontres entre personnes contrevenantes et victimes, avec l'aide d'un tiers, afin d'élaborer ensemble les modalités de réparation de l'infraction. La justice réparatrice s'est ensuite structurée et développée, sous différentes formes, dans la ligne nord-américaine de la déjudiciarisation *Alternative Dispute Resolution.*

- ***A travers le monde***

La justice réparatrice s'est alors répandue dans le monde. Comme Faget[7] le montre bien, elle trouva un terrain favorable à son extension dans les dernières décades grâce à *la convergence de trois courants criminologiques.*

Le premier fut *l'abolitionnisme pénal* contestant l'efficacité des institutions. Le second, soutenu à la fois par le mouvement conservateur *Law and Order* américain et les groupes progressistes féministes, prenait la défense des victimes et développait des associations de soutien aux victimes. Enfin, le troisième fut celui qui mettait l'accent sur la réaction sociale et *la responsabilité de la communauté* dans la gestion de la criminalité.

En quarante ans, les programmes *Victim Offender Reconciliation Program (VORP)* se répandirent ainsi en Amérique du Nord. Ajoutons à cette triple influence celle des revendications des peuples autochtones d'Amérique du Nord, concomitantes au mouvement de décolonisation des années 1960[8]. Puis le mouvement s'est étendu à l'Europe, l'Australie, la Nouvelle-Zélande, le Japon et l'Afrique du Sud, ainsi qu'à certains autres pays africains. On connaît par exemple la forme de *justice réparatrice* des séances publiques de la *Commission Vérité et Réconciliation* en Afrique du Sud inaugurées par Monseigneur Desmond Tutu, ou encore les *gacaca* au Rwanda où furent jugées

[7] FAGET, *La médiation. Essai de politique pénale,* Paris Eres, 1997.
[8] M. JACCOUD, *Justice blanche au Nunavik,* Montréal, Méridien, 1995.

pacifiquement les exactions violentes de la guerre civile qui a déchiré le pays en 1994.

2. La justice réparatrice : une révolution culturelle

Pour Barajas[9], criminologue américain, la justice réparatrice, loin d'être de l'ordre de quelque nouveau programme ou un genre de bricolage d'anciennes pratiques, implique une réorientation radicale de la justice, voire une révolution culturelle. Il s'agit de sortir d'une perspective punitive pour s'ouvrir à une perspective de confiance en la résilience des personnes.

Comme le mot l'indique la justice réparatrice est donc centrée sur **la réparation** des torts causés par le crime. Il ne s'agit pas seulement de dégâts matériels qu'il serait relativement facile de compenser mais des conséquences graves qui affectent la santé physique et psychique des victimes et de leur entourage, souvent pour de longues années. Des vols par effraction dans un immeuble troublent tout un quartier en ville, ou tout un village. Souvent, il détruit les relations de bon voisinage car tout le monde commence à se méfier de tout le monde. Comment réparer l'entente sociale dans ce cas ? La justice réparatrice aura à considérer un ensemble large de personnes touchées par l'événement qui seront invitées à participer à une démarche commune de réparation.

Walgrave (1994)[10] montre bien à quel point la justice réparatrice se situe dans une vision nouvelle de la justice. Elle s'éloigne de la conception punitive du système pénal pour laquelle toute infraction à la loi est passible d'une peine censée correspondre à la gravité de l'acte aboutissant généralement à la prison. Le tableau ci-dessous inspiré de

---

[9] E .BARAJAS, *Community Justice, Striving for Save. Sense and Just Communities*, National Institute of Corrections 1996.
[10] L.WALGRAVE, *Au-delà de la rétribution ou de la réhabilitation, la réparation comme paradigme dominant sur l'intervention judiciaire contre la délinquance*, Vaucresson, France, 1994.

cet auteur manifeste bien les différences entre le droit pénal, le droit réhabilitatif et le droit réparateur. Les points de référence, les objectifs, les moyens et les positions des personnes victimes, de ces trois types de droit sont caractérisés.

Pour le droit pénal, le focus est mis sur le délit ou crime et sur sa sanction. Il répondra en infligeant un mal, une peine, dont la gravité (le poids) veut contrebalancer la gravité de l'acte. On pense à la représentation classique de la Justice les yeux bandés, portant une balance et cherchant à rétablir l'équilibre entre les deux plateaux en appliquant strictement la loi les yeux fermés. Son centre d'intérêt est donc l'infracteur.

Pour le droit réhabilitatif, le point de référence est l'individu délinquant dont il cherchera la réadaptation sociale en ayant recours à divers traitements, diverses thérapies. Son centre d'intérêt est encore le délinquant mais considéré comme un malade ou un déviant social à soigner

Quant au droit réparateur il se réfère aux préjudices causés à la victime et à la communauté par la commission d'un crime et vise une réparation. Le droit réparateur est donc le seul à mettre la victime au centre de ses préoccupations.

Les points de référence, les objectifs, les moyens et les positions des personnes victimes, de ces trois types de droit sont donc très différents.

La justice réparatrice s'intéresse donc aux ***conséquences*** de l'acte criminel, les dommages causés, plus qu'à ses causes, tout en se ***tournant vers l'avenir.*** Elle vise la guérison des personnes***, la réparation des torts causés*** aux victimes, la responsabilisation des auteurs d'actes criminels, le renouvellement des relations brisées, la réconciliation des parties et leur réinsertion dans la société.

Tableau comparatif des trois paradigmes du droit de Walgrave (1994)
(adaptation)

Caractéristiques	**Droit pénal**	**Droit réhabilitatif**	**Droit réparateur**
Point de référence	Le délit : infraction à la loi.	L'individu délinquant.	Les préjudices causés.
Moyens	Confrontation. Imposition d'une peine : un mal	Traitement.	La parole. Obligation de réparer.
Objectifs	Equilibre moral. Rappeler la loi. Sécurité du public.	Adaptation à la société. Réhabilitation	Reconnaître les torts. Entente : réparer. Guérir.
Position des victimes	secondaire	secondaire	centrale
Critères d'évaluation	Une juste peine	L'individu adapté	Satisfaction des concernés
Contexte sociétal	État opprimant	État Providence	État responsabilisant

Si elle trouve différentes appellations selon les cultures et idéologies, réparatrice, restaurative, transformatrice, conciliatrice, etc… il s'agit de la même perspective. J'en propose la définition suivante :

> **La justice réparatrice est la démarche qui vise à recréer l'équilibre social perturbé par un crime, en redonnant aux parties concernées, victime, agresseur et personnes de la communauté, le pouvoir d'entrer en dialogue à parts égales, d'exercer leur responsabilité et de reprendre leur place dans la société. Elle est, pour les parties, engagement dans une démarche de réparation, avec l'aide de médiateurs.**

Si la réparation est la visée caractéristique de la justice réparatrice, celle-ci se caractérise par le fait qu'elle fait appel à la responsabilité des ***personnes*** concernées par un crime en leur proposant la rencontre où ont lieu reconnaissance mutuelle et dialogue. La victime, le contrevenant et la communauté jouent des rôles signifiants dans le processus de résolution de conflit et de réparation, processus qui peut prendre la forme de médiation directe, de médiation indirecte, de face à face ou de médiation de groupes telle que les Rencontres Détenus Victimes dont il sera question surtout ici.

Les conférences familiales, ou encore le forum communautaire, sont proposés dans le cas de conflit entre deux communautés, en vue d'atteindre un consensus assorti d'une mesure réparatrice. Ces mesures conviendraient très particulièrement dans les cas fréquents d'affrontement entre éleveurs et agriculteurs, en Afrique de l'Ouest par exemple.

Quelles que soient les modalités, la justice réparatrice propose à ces personnes de devenir les acteurs volontaires d'une négociation ou d'une compréhension mutuelle et d'entamer un processus de rapprochement aboutissant à la réparation.

Ces personnes sont aidées à s'exprimer librement par un ou des tiers, appelés médiateurs. Elles peuvent ainsi reprendre leur place dans la communauté sociale, faire entendre leur voix souvent étouffée par le traumatisme dû à la commission du crime ou la méconnaissance du système pénal.

3. Objectifs de la justice réparatrice

Howard Zerh[11], un des premiers fondateurs et théoriciens de la justice réparatrice, explique que, puisque la justice réparatrice envisage le crime comme une atteinte portée à des personnes ou à des communautés et à leurs relations, elle est amenée inévitablement à ***centrer son intérêt sur les besoins des victimes*** et sur leur rôle dans le règlement de conflit : ce qui n'est pas le cas du système pénal actuel.

Personnellement, je me demande toujours pourquoi les victimes d'actes graves poussent un grand soupir lorsqu'elles savent que l'agresseur est condamné à une lourde peine et à une longue incarcération. « Enfin justice est faite ! », s'exclament-elles. C'est du moins ce que nous répercutent les médias. Non ! Pour elles, justice n'est pas faite.

Certes l'agresseur est mis hors de capacité d'agir et de poursuivre ses méfaits, mais qu'en est-il pour la victime ? Le système judiciaire la néglige souvent, lui assignant un simple rôle de témoin, ce qui généralement contribue à la torturer un peu plus, car on la presse de revivre l'événement pour se rappeler les détails de l'agression ou du vol. Il lui faudra souvent patienter longtemps pour faire reconnaître ses droits à une petite compensation, et dans certains cas, tout lui sera refusé. Qui s'intéresse au traumatisme qu'elle vient de subir et dont elle va garder des séquelles parfois toute une vie ?

---

[11] H.ZERH, *Changing Lenses. A New Focus for crime and Justice*, Scittdale (PA), Hérald Press, 1990.

Qui lui paiera l'aide psychologique dont elle a besoin ? Elle ira souvent de déception en déception, et traînera longtemps un mal de vivre dont elle ne sait pas se libérer. Nombreuses sont celles qui pensent au suicide.

Pour l'auteur du crime, la justice réparatrice l'invite à se centrer sur les conséquences en chaîne de son acte. La description des dommages que lui fait la victime le réveille fortement et l'ouvre à sa propre responsabilité. Il comprend qu'il n'est pas seulement lui- même victime d'une société injuste contre laquelle il se révolte souvent, mais que c'est bien lui l'auteur de ses actes.

Sa liberté humaine est reconnue même si un conditionnement criminel la tenait étouffée. Il commence à se percevoir autrement que le produit d'un système dont il est totalement dépendant. C'est à lui à engager une parole, sa parole, pour mettre à jour la vérité, et non plus à son avocat, dont il ne comprend souvent pas la stratégie et le vocabulaire technique. On sait que dans le système judiciaire, le jeu antagoniste du procès requiert du contrevenant qu'il porte en quelque sorte un masque capable de réduire sa culpabilité, parfois en contournant la vérité jusqu'à avouer même parfois des choses qu'il n'a pas faites pour satisfaire la stratégie de son avocat. De plus les contours de « neutralisation », les stéréotypes et les rationalisations que les contrevenants emploient pour prendre de la distance par rapport aux personnes qu'ils ont frappées, ne les stimulent pas à un changement de comportement.

L'exclusion sociale dont souffre souvent le contrevenant, et les sentiments qu'il a envers sa victime, sont encore renforcés par le procès et l'expérience de la prison. À l'opposé, grâce à la justice réparatrice, il peut percevoir, dans le dialogue avec des victimes, la blessure qu'il leur a infligée, la souffrance qui alourdit leur vie; il saisit mieux sa propre responsabilité mais aussi sa capacité à satisfaire concrètement aux obligations que crée une telle offense.

Ainsi, H. Zerh résume ces enjeux en disant :

> *« Le processus de la justice engage alors victimes, contrevenants et communauté dans un effort pour identifier les obligations et les solutions, et maximiser l'échange d'information, le dialogue, et l'acceptation mutuelle*[12]. »

4. Les pratiques de justice réparatrice

La justice restauratrice peut revêtir plusieurs formes visant la restauration des personnes mais je me centre ici essentiellement sur le face à face entre victime et offenseur soit entre deux personnes dans la médiation, soit entre deux groupes de personnes dans les ROV Rencontres Offenseurs Victimes, en milieu ouvert, ou RDV Rencontres Détenus Victimes, en établissement carcéral..

- **La médiation à la recherche d'une entente interpersonnelle**

La forme la plus typique de justice réparatrice dans les sociétés modernes et la plus connue, est celle de la médiation pratiquée dans les domaines commerciaux et milieux de travail, ainsi que dans le cas de conflits familiaux ou conjugaux. Qu'en est-il dans le domaine judiciaire?

Dans tous les cas de figure, la médiation vise ***la conclusion d'une entente,*** fruit d'une élaboration commune entre les parties qui soit satisfaisante pour chacune. Cette entente porte sur la réparation du dommage envisagée dans toute sa complexité : dédommagement matériel, compréhension mutuelle, demande de pardon se traduisant

---

[12] H.ZERH, « *Restorative justice. The concept* » *Correction Today,* décembre 1997, trad. p 69.

souvent par un geste symbolique comme une poignée de mains ou une lettre d'excuses ou encore un travail effectué pour la victime, etc.

Bonafe -Schmitt[13] donne la définition suivante de la médiation

> *« La médiation est le processus plus ou moins formel, par lequel un tiers neutre tente, à travers la conduite d'une réunion, de permettre aux parties de confronter leurs points de vue, et de rechercher avec son aide, une solution au litige qui les oppose. »*

La médiation comporte donc trois principaux acteurs : les deux parties et un médiateur qui a pour rôle de permettre une entente satisfaisante pour les deux. Mais il serait souhaitable que des représentants des communautés auxquelles appartiennent les parties participent également à la démarche dans la mesure où elles ont été affectées par l'événement. Située entre la négociation et l'arbitrage, la médiation s'en distingue par le fait que le pouvoir appartient aux parties dont l'implication est fortement requise pour atteindre le règlement d'un conflit. Le médiateur est là seulement pour faciliter l'expression des parties et leur recherche d'une entente de réparation.

En résumé, la médiation

- s'exerce dans le respect des droits des personnes et groupes : les parties,
- considère les parties à égalité de pouvoir,
- fait appel à un ou des intermédiaires appelés médiateurs,
- en vue d'une entente de réparation.

Cette médiation pénale entre individus est incluse à la législation de certains pays. Ainsi, en Amérique du Nord, celle de la Nouvelle Écosse précise quatre points d'entrée possibles du programme de justice réparatrice dans le processus judiciaire ; celui-ci est proposé par des

---

13 J.P.BONAFE-SCHMITT, Revue de droit pénal et criminologie (Belgique), Ministère de la Justice, nov.1995.

ressources communautaires appuyées par l'État, des ONG privées spécialisées.

- Avant le dépôt des chefs d'accusation, le délinquant est *référé par les policiers.*
- Après le dépôt des chefs d'accusation, et avant l'énoncé de culpabilité ou de non-culpabilité, le délinquant est alors *référé par l'avocat de la couronne* (équivalent du Procureur de la République).
- Après l'énoncé de culpabilité et avant le prononcé de la sentence, le délinquant est *référé par le juge.*
- Après le prononcé de la sentence, le délinquant est référé par les services correctionnels et les intervenants travaillant auprès des victimes.

En Belgique, depuis juillet 2006, le Procureur de la Couronne est tenu de proposer la médiation, tant au suspect qu'à la victime, sans préjudice de la réparation qui sera requise par le protocole d'entente.

En ce qui concerne la France, on trouvera en annexe les modalités d'application de la médiation et d'autres formes de « la justice restaurative. »

- **La médiation communautaire.**

La médiation peut revêtir une forme particulière originale lorsqu'elle met en « face à face » non plus deux individus : victime et offenseur, mais des catégories de personnes, ou groupes de personnes opposés au départ. Même si le RDV (Rencontres Détenus Victimes) est celle que retiendra cet ouvrage, rappelons l'existence d'autres modalités réparatrices. Ainsi *les cercles holistiques autochtones* de l'Amérique et *les Cercles de détermination de la peine,* dans lesquels le juge ne détermine la peine qu'après avoir entendu la communauté, ressemblent beaucoup à la justice sous l'arbre à palabres pratiquée encore en Afrique mais incluent la présence d'un juge du Ministère de la Justice. Dans la plupart des cas, le rôle du juge, de par l'autorité qu'il a reçue, est de ratifier le consensus obtenu par la circulation de la parole dans le groupe, et de donner du poids à sa conclusion.

La justice réparatrice peut aussi prendre la forme de ***conférences familiales*** **:** une famille recherche justice et restauration par le dialogue entre tous ses membres pour aboutir à une entente de réparation ou de réconciliation. Quant au ***forum communautaire***, il procède de la même manière lorsqu'un conflit ou une infraction déchire une communauté.

- **Le programme RDV Rencontres Détenus Victimes est une forme de justice réparatrice en groupe.**

Il s'appelle ainsi lorsqu'il s'effectue dans le cadre d'une maison de correction, mais il peut aussi s'effectuer « hors du judiciaire » dans le cadre d'une communauté cherchant la réconciliation. Il se nomme alors ROV Rencontres Offenseurs Victimes : ce fut le cas du projet de Duékoué en 2015-2016 évoqué plus haut.

L'histoire de la médiation communautaire sous forme « de face à face » premier nom des RDV ou ROV.

Le « face à face » a vu le jour en 1983 à Rochester en Angleterre, sous l'inspiration de Taylor, alors aumônier de *Her Majesty's Youth Custody Centre.* Il eut la vague idée que les victimes devaient avoir l'opportunité de manifester leur expérience de détresse aux détenus, et il commença à organiser des rencontres de groupes de contrevenants et de victimes en trois sessions de discussion et de médiation.

Puis il perfectionna peu à peu la démarche en se faisant aider de médiateurs et d'évaluateurs. Les notes des sessions servaient de base aussi bien comme évaluation du programme que comme point d'appui pour faire avancer la discussion dans les rencontres suivantes. Taylor intégrait une séance de jeu de rôle dans la plupart de ses rencontres pour faciliter l'expression des participants.

Au Canada, le processus de Rochester a été introduit à Winnipeg en 1987. Il était sponsorisé par le *Comité Central Mennonite du Manitoba*, *Mediation Services* et *Open Circle*. Proposé à des détenus accusés de vol par effraction, le face à face avait lieu à *Headingley Correctional Institute* (Sawatsky, 1988). De Winnipeg, l'idée s'est répandue dans d'autres centres du Canada, tel qu'au Saskatchewan (1989), à Calgary, en Alberta, par *The John Howard Society, M2/W2* et *The Calgary Police Victim Assistance* dans le cas de vols à main armée, à Langley, en Colombie Britannique, par Gustafson pour des auteurs d'agressions sexuelles, et à Terre Neuve pour différents crimes graves. Le programme de *St John,* inauguré par Loewen avait ceci de particulier qu'à la quatrième rencontre il impliquait non seulement détenus et victimes, mais aussi un juge et des représentants du système correctionnel.

Ces expériences ont fait l'objet de rapports d'évaluation positifs qui suscitent un grand intérêt (Cleland-Moyer, 1990 : 1-2). J'ai étudié[14]pour ma part ceux du Manitoba, de Terre Neuve et de Colombie Britannique en contrepoint de l'expérience sur laquelle portait ma recherche-action, à savoir le RDV animé par D.Shantz (aumônier mennonite) dans un établissement du Québec en 1999.

Ces expériences sont quelque peu différentes de celles que pratique actuellement le *Centre de Services de Justice Réparatrice de Montréal*, quant à la durée des sessions et la pédagogie employée, mais les résultats convergent, faisant état d'une moyenne de 90% de satisfaction chez les participants.

Cette réussite constatée dans d'autres provinces canadiennes fut d'un grand encouragement à développer le programme et à l'étendre aux divers pénitenciers des environs de Montréal. En France, le programme

[14] T. de VILLETTE « Une recherche-action sur le programme face à face entre victimes et détenus d'un pénitencier au Québec », Mémoire de Maîtrise, Université de Montréal 1999.

Sycomore reprend ce mouvement depuis l'expérience menée à la maison centrale de Poissy en 2010. La détermination de Laurent Ridel, directeur interrégional des services pénitentiaires d'Ile de France, de l'étendre à tout le département en 2021, est une bouffée d'espoir. Il dit :

> *« J'assume la dimension répressive de mes fonctions. Mais en aidant des infracteurs à verbaliser leurs émotions, la justice restaurative leur permet non seulement de comprendre les raisons de leurs actes, mais aussi le sens de leur peine. Les bénéfices en sont réels pour la société : le taux de récidive, à la sortie, est fortement réduit »*[15].

La formule que je préconise et dont j'ai pu aussi évaluer les effets, appelée en situation carcérale RDV (Rencontres Détenus Victimes), est donc une session qui s'étend sur six à sept semaines, précédée d'une formation et de rencontres individuelles des victimes et des détenus séparément, puis suivie, trois mois après la session, d'une reprise évaluative de l'expérience revue avec le recul du temps. Précisons que victimes et offenseurs ne se connaissent pas et n'ont pas été impliqués dans le même événement, mais dans des conditions semblables telles que le même type de crime. Ces rencontres hebdomadaires entre un groupe de quatre ou cinq victimes et un groupe de quatre ou cinq offenseurs accusés de crimes graves durent trois heures environ. Elles sont animées par deux médiateurs. Une ou deux personnes de la société y sont également présentes faisant le lien entre les participants et l'environnement social. On trouvera plus loin le déroulement précis du processus. Selon D. Shantz.[16]

> *« Le but de l'activité est de donner l'opportunité de corriger le déséquilibre de pouvoir créé par le crime. L'offenseur, par un couteau, un gun, des liens ou autres moyens, a exercé son pouvoir sur une*

[15] Cité par L. ROSSIGNOL in Revue Télérama 23.12.20, p.29.

[16] D.SHANTZ, aumônier mennonite du pénitencier CFF de Montréal, a repris avec moi en 1999 l'expérience de RDV des mennonites qui s'était interrompue en 1993. Je lui dois beaucoup pour la réflexion sur la justice réparatrice.

victime. Il l'a menacée, effrayée, blessée ou tuée pour avoir avantage sur elle. Dans le RDV, nous demandons aux offenseurs de mettre à bas leurs armes, au sens figuré, s'ils désirent participer au groupe. Ils acceptent d'écouter les victimes. Les victimes aussi acceptent d'écouter l'offenseur et de jeter leurs armes punitives de vengeance et de condamnation. »

Dans l'esprit de la justice réparatrice, le programme RDV redonne un égal pouvoir aux personnes concernées par un crime. Il s'intéresse aux conséquences du crime plutôt qu'aux causes ou à la gravité de l'infraction. Tourné vers l'avenir, il ouvre la porte à la « réparation » et à la résilience psychologique. Le crime a provoqué des blessures souvent profondes et durables chez des personnes reconnues comme telles. Il faut pouvoir mettre des mots sur les émotions, les identifier si on cherche une réparation de soi-même et des autres. Chaque personne est invitée à parler de sa souffrance, et à offrir son écoute à l'autre en l'accueillant avec ses émotions, y compris la révolte. La réparation envisagée dans ce programme est surtout la guérison des personnes et la réparation du lien social brisé au cœur de la communauté en général. Il ne faut pas oublier, en effet, que le crime peut provoquer des conséquences graves pour l'entourage de la victime directe et aussi de l'agresseur : traumatismes, peur, séparation d'un couple parfois, rejet social, stigmatisation. La communauté est un élément essentiel à considérer en justice réparatrice au même titre que victimes et offenseurs.

Ce programme a pour objectif d'aider la victime à articuler sa victimisation, à trouver des réponses aux multiples questions qu'elle se pose après l'acte criminel et à se libérer des charges émotives destructrices causées par le traumatisme.

Trop souvent ignorée par le système judiciaire ou frustrée de ne pas être entendue dans sa demande d'aide, la victime va trouver là une opportunité d'exister socialement et de se faire justice. Enfin, certaines victimes, et non des moindres, que sont les parents ou proches des agresseurs, pourront aussi exprimer leur souffrance, leur honte et toutes les conséquences des actes du délinquant qui entachent leur nom. La démarche aura réussi si les victimes, au sortir de la session, se libèrent à la fois de cette stigmatisation sociale dont elles sont souvent l'objet de la part de l'entourage, et de la dévalorisation de soi qu'elles s'infligent à elles-mêmes.

Le programme a également pour objectif d'aider l'agresseur à prendre conscience de façon approfondie des conséquences de ses actes sur les personnes qu'il a agressées, en rencontrant des personnes semblables à celles qu'il a blessées. Réduit le plus souvent au statut de numéro d'immatriculation dans un pénitencier et à l'exclusion de la société, il va trouver dans le dialogue avec les victimes l'occasion de retrouver sa responsabilité d'être social, de prendre en main son devoir de réparation et d'ouvrir la bouche pour parler de lui-même, sans que des intermédiaires décident tout à sa place. Par la présence de représentants de la communauté, et la rencontre de victimes ouvertes à l'accueil, le programme lutte peu à peu contre la diabolisation du détenu, entretenue trop souvent par les médias, diabolisation qui pèse sur le désir de changement de l'ex-offenseur. En effet, en contribuant à faire tomber des préjugés, les RDV permettent une compréhension mutuelle entre deux groupes sociaux a priori adverses en restaurant le lien social brisé par l'acte criminel.

On le voit sous des formes variées à travers le monde, la justice réparatrice introduit un paradigme culturel nouveau. Elle s'intéresse au crime, non pas d'abord comme une infraction à la loi, mais comme un acte ayant causé des dommages et des blessures à des personnes. Aussi appelle-t-elle l'auteur de crime, la victime, et la communauté à s'impliquer volontairement dans le dialogue, en vue d'une entente de réparation et de réconciliation

La justice réparatrice n'appauvrit pas la teneur et la nécessité de la loi. Au contraire elle permet une intériorisation de celle-ci, parce qu'elle fait découvrir de l'intérieur le bien-fondé des valeurs qu'elle garantit.

Pour qu'il y ait rencontre entre agresseur et victime, il est indispensable que la vérité soit établie sur les faits, et que la dénonciation s'appuie sur la référence aux droits des personnes et des groupes normalement protégés par la Loi. Autrement dit, personne ne peut prétendre être victime si la cause de sa souffrance ou de son manque n'est clairement établie.

Cependant le crime n'est pas seulement infraction à une loi, il est d'abord offense à une ou plusieurs personnes. La perspective de la justice réparatrice pourrait être un ferment de renouveau pour le système judiciaire mais ne le remplace pas. De plus, la justice réparatrice laisse à la justice sociale et à la bonne gouvernance la responsabilité d'analyser les causes psychologiques et sociales de la criminalité afin de parer aux carences, et de travailler à la prévention du crime. En effet, la justice réparatrice vise en premier lieu la réparation des torts causés par un crime. Par là même, elle recrée l'harmonie sociale par la réparation des liens brisés entre personnes et groupes.

CHAPITRE II

LES ACTEURS DE LA JUSTICE RÉPARATRICE

Les personnes concernées par le crime ou l'offense sont la victime, l'auteur de l'acte, et les personnes représentant les communautés ou l'environnement de l'un et de l'autre.

Avant d'envisager la proposition d'une rencontre, il importe de bien comprendre le profil des uns et des autres. Bien que chaque personne soit unique par son origine, son caractère et son histoire, on peut repérer des traits communs, quel que soit le lieu où la rencontre doit se tenir. Le fond humain traverse étrangement la diversité des cultures. J'ai pu le constater en passant du Québec à la Côte d'Ivoire.

1. La victime

- ***Profil***

Il importe de se référer tout d'abord à quelques normes juridiques pour définir une victime et ainsi éviter débordements passionnels ou abus. Rappelons quelques notions criminologiques[17].

D'un point de vue juridique on peut se référer à la définition de « victime » donnée par la déclaration de l'ONU de 1956

> 1. « On entend par « victimes » des personnes qui, individuellement ou collectivement, ont subi un préjudice, notamment une atteinte à leur intégrité physique ou mentale, une souffrance morale, une perte matérielle, ou une atteinte grave à

[17] A.GAUDREAULT, « Cours de victimologie », Université de Montréal, 2000. Notes de cours

leurs droits fondamentaux, en raison d'actes ou d'omissions qui enfreignent les lois pénales en vigueur dans un État membre, y compris celles qui proscrivent les abus criminels de pouvoir.

2. Une personne peut être considérée comme une victime, même si l'auteur du crime n'est pas identifié, arrêté ou déclaré coupable, et quels que soient les liens de parenté avec la victime. Le terme de victime peut s'appliquer non seulement à la personne atteinte directement, mais aussi à sa famille proche, ou aux personnes qui l'avaient en charge, ainsi qu'aux personnes qui sont intervenues pour lui venir en aide ou la protéger.

3. Ces dispositions s'adressent à tous, sans distinction aucune, notamment de couleur, de sexe, d'âge, de langue, de religion, d'opinion politique ou autre, de croyances ou pratiques cultuelles, de fortune, de naissance ou de situation de famille, d'origine ethnique ou sociale et de capacité physique. »

Du point de vue des Sciences humaines, ce n'est qu'après la Deuxième Guerre mondiale, dans les années 40, qu'on s'est intéressé à la victime. Une science, la victimologie, est née en 1948. Elle est fondée par Hans von Hentig, *Le criminel et sa victime*, tandis que Ezzat Fattah se demande si la victime a une part de responsabilité dans l'événement du crime qu'elle a subi : « La victime est-elle coupable ? ». Il se demande : pourquoi certaines personnes deviennent victimes plus que d'autres ? Les offenseurs choisissent-ils leurs victimes ? Comment ? Ou bien est-ce un hasard ? Il est vrai que certaines personnes accumulent les blessures et les malheurs. Sont-elles naïves ou imprudentes ? On peut identifier quelques prédispositions, ce qui ne veut pas dire qu'elles soient coupables, à moins qu'elles se plaisent à fréquenter des milieux à risque, ou qu'elles y vivent depuis leur enfance.

Certains facteurs biologiques, psychologiques et sociaux prédisposent à devenir victimes. Ainsi les enfants, plus faibles et peu avertis encore, sont vulnérables à la pédophilie. Quant aux personnes âgées, elles sont souvent victimes de fraude. Le sexe peut être aussi une raison : certaines femmes par leur physique ou leur handicap, ou encore par leur caractère immature ou provoquant, sont plus facilement violées et violentées. Des raisons psychologiques telles que les déviations sexuelles, les addictions qui affaiblissent la vigilance, la dépression ou certains handicaps mentaux peuvent rendre plus vulnérables. Certaines causes sociales aussi, telles la situation de femme seule, les personnes attirantes par leurs signes extérieurs de richesse, ou encore des milieux stigmatisés par la société, sans oublier les personnes dont les positions politiques affichées peuvent en faire les cibles de la haine ou du règlement de compte.

A noter aussi que des liens peuvent exister entre les victimes et leurs agresseurs : dans les crimes passionnels, les agressions sexuelles, même les homicides par haine et vengeance. Dans certains délits, comme par exemple en milieu carcéral, les actes de violence ou les abus sexuels, ou encore dans le couple, les violences conjugales, il est difficile de dire qui est victime et qui est agresseur parce que la victime peut se transformer en agresseur et vice versa, abusé-abuseur. Dans ce cas, le crime n'est pas un geste isolé mais le résultat d'une plus ou moins brève interaction victime-agresseur. On ne peut comprendre ces crimes sans remonter la chaîne des causes et effets.

Le malaise des victimes : parenté entre l'inceste et la pédophilie

De la part des victimes, surtout les victimes de délits sexuels, d'inceste, par exemple, le mutisme dure parfois 30 à 50 ans, soit par peur de la vengeance du père et les reproches de la mère qui souvent a été complice, soit par honte d'avoir à traîner en justice celui qui vous a donné vie et affection, même si les actes sexuels sont associés à des tortures ou brutalités. Ce lien sacré et la force affective qui paralyse la victime sont aussi la garantie du déni de l'agresseur, surtout dans un milieu social où la sexualité est encore un sujet tabou. Qui oserait dénoncer son propre père, sans être soi-même mis en procès et se considérer coupable de vengeance par ce règlement de compte? La victime s'avoue écrasée, bonne à rien, enfermée dans sa prison d'interdits, détruite physiquement et psychologiquement. Certaines maigrissent à vue d'œil, d'autres au contraire compensent par la nourriture et deviennent obèses : les unes et les autres sont mal à l'aise dans leur corps. Les défenses de l'organisme sont diverses et diverses aussi les victimisations, mais le dégoût de soi-même revient souvent dans la confidence de la victime d'agression sexuelle.

Il sera donc important de garder en perspective ces informations dans la mise en œuvre des rencontres entre agresseurs et victimes. Les entretiens individuels préalables et la formation précédant les rencontres proprement dites sont très importants. Pour ce qui est du RDV, on veillera à ne pas provoquer des situations explosives, en associant des victimes à des agresseurs trop caractérisés comme incompatibles à leur vulnérabilité si celle-ci n'est pas déjà un peu adoucie. Toutefois c'est l'intérêt de la justice réparatrice d'oser associer victimes et agresseurs, selon le type de crime subi ou commis, afin de se parler des vraies choses et surtout justement de celles « qui fâchent ». Mais l'expérience montre aussi que, dans un même groupe, des personnes concernées par des crimes différents peuvent bien entrer en dialogue. Apparaissent parfois alors, chez les participants, des situations insoupçonnées ou oubliées, car ces personnes peuvent avoir été concernées par plusieurs crimes différents. Le traumatisme subi se manifeste par des émotions ou blocages qu'il est nécessaire de repérer pour aider l'expression libératrice.

- ***Quelques récits de blessures de victimes***

Écoutons quelques récits en essayant d'y saisir les émotions personnelles éprouvées et les conséquences familiales et sociales du crime qui devront émerger dans le dialogue et être identifiées tant pour la libération de la victime que pour la prise de conscience de l'agresseur.

<u>Jeune femme, victime de viol</u> :

« *Pendant la crise,*[18] *tout le monde sortait de la ville, ma cousine, mon petit frère et moi, mon bébé au dos. Des rebelles sont sortis d'un coup de la brousse. Ils ont pris mon petit frère et ils l'ont immobilisé. Ensuite, ils nous ont demandé où on allait, ils m'ont saisie, je leur ai dit que je venais d'accoucher, ils ne m'ont pas écoutée. Ils ont pris mon bébé qui était sur mon dos et ils l'ont jeté dans les herbes et quand j'ai voulu aller le chercher, ils m'ont poussée dans les herbes, Il a déchiré mon habit, je portais un boubou, et donc j'étais là comme ça.* (Tous les détenus sans exception ont reculé leurs chaises hors du cercle imaginaire.) *J'ai crié comme je pouvais et j'étais essoufflée et il a fait ce qu'il voulait. Et puis à la fin, il m'a dit, J'ai fini. ...Comme si on avait dit qu'on allait décider de faire quelque chose ensemble. Ensuite j'ai dit : « Je ne vais plus.... » et après en allant, j'ai pleuré sur tout le chemin. Quand on est arrivé, mon père m'a dit : « Et mon petit fils ? » et je lui ai répondu : « Moi, je suis devant toi, je souffre, tu ne vois pas ? » Quand on lui a expliqué, il a pleuré comme un enfant. Il est allé faire mon test de sida. C'était négatif, mais j'étais plus collée à mon père. Après ça, quand mon père venait dans la chambre des filles, parce qu'il pensait que j'allais me tuer, je sursautais à chaque fois. Et le père de mon enfant m'a quittée. Parce que quand il voulait aller avec moi et que je disais non, il me rappelait à chaque fois ce qui s'est passé. Il disait que tu as joué les saintes, tu m'as fait courir à Bouaké jusqu'à... j'ai pu avoir un enfant. Tu as fait que les rebelles t'ont violée et aujourd'hui, tu continues de te jouer les saintes.* »

On saisit une personnalité énergique, capable de raconter les faits les plus traumatisants comme le fait de voir son bébé jeté et d'être violée ; mais elle en reste à la description des faits et devra exprimer le ressenti, à la fois celui éprouvé lors de l'événement, et celui du moment immédiat du récit. On perçoit un grand choc corporel et beaucoup de secousses émotionnelles : cris, pleurs, souffrances, réflexes de peur extrême, la nuit sans raison, en entendant le pas de son père dans sa chambre, signes d'une terreur intériorisée et mémorisée. Enfin, elle

[18] Il s'agit de la crise post-électorale de 2011 en RCI qui a dégénéré en guerre civile.

exprime le dégoût de l'homme, tout homme, provoqué par le viol, et la souffrance de ne pas être comprise par le père de son enfant jusqu'à la rupture. On remarque la conséquence forte du crime sur la vie familiale et l'importance de guérir cette fracture.

Jeune homme, victime de vol

*« J'étais là, je ne travaillais pas, j'allais à l'église et puis, j'ai vu un numéro téléphone pour vente de produits. Le lundi, j'ai appelé et ils m'ont pris. J'ai commencé à travailler et ça allait un peu. Mon premier mois, quand ils m'ont donné mon argent, j'ai donné 20.000F à ma maman. Maintenant le jour- là, les produits ne sortaient pas. Et puis vers 16 h, ça a commencé à marcher. Donc j'ai eu un peu d'argent. On rentre toujours à la base, le soir. Donc, j'ai emprunté un taxi communal et je lui ai dit que j'allais à Maroc (*quartier de Yopougon*). Il a demandé au passager près de lui : on va passer par Maroc, ça vous arrange et il a dit oui. Moi quand je sors tous les matins, je remets toujours ma vie à Dieu. Donc, je suis monté avec mes paquets de produits. Et puis en route, il est passé par détour et j'ai cru qu'il allait déposer le monsieur d'abord à Sideci et ensuite continuer vers ma destination. Après, il a tourné dans un gloglo et il s'est arrêté. L'autre est descendu et il a pointé sur moi son pistolet là (*il montre son côté droit*) et il m'a dit donne tout ce que tu as. Je donnais seulement, je donnais seulement, ils ont pris l'argent, tous les produits, mes portables. Et puis, ils sont partis. Je suis resté là. Je partais et je venais, je partais et je venais, je partais et je venais, j'ai fait ça au moins 100 fois. Et puis, je suis quand même allé à la base. Tout était fermé. C'est le gardien qui était là, je lui ai expliqué. Il m'a dit : « du courage ». Le lendemain, j'ai dit que je vais aller quand même expliquer au patron ; je suis allé sans ma tenue de travail parce que pour vendre les produits, on porte des vestes. Il m'a dit : « Ah, c'est pourquoi tu n'es pas venu avec ta tenue de travail ». La fin du mois, je suis reparti prendre mon argent et ils m'ont dit : « Vraiment, tu as travaillé, tu as gagné beaucoup d'argent mais c'est ton voleur qui t'a fait du mal ». Ça m'a choqué. Il y a des manières de parler aux gens et puis il dit encore, « Ton argent, on l'a pris pour rembourser les produits qui sont volés et puis tu nous dois encore ». Là*

même, je n'ai rien dit, et puis, j'ai appelé ma maman pour lui dire, elle m'a dit de ne plus aller là- bas.

Ils ne m'ont pas cru. Comme si c'est moi qui ai monté un coup. Il y a une femme qui est là-bas. Le premier mois, comme j'ai bien travaillé, elle a payé une grosse bouteille de coca pour moi. Je ne me suis pas retrouvé au début, quand j'ai dit à ma maman qu'on a mis pistolet sur moi, elle a crié. Quand je suis avec mes amis et que cela vient dans ma tête, ça défile devant moi, actuellement, je ne travaille pas. »

Ce jeune vit l'expérience d'être complètement dépouillé. Il est d'autant plus frustré qu'on devine sa fierté d'avoir gagné son premier salaire. Sur le coup, il est complètement déstabilisé dans la perception de l'espace et du temps, ne sachant plus ce qu'il a à faire : il tourne en rond 100 fois. La peur du pistolet sur la tempe lui revient, transmise comme en miroir, par le réflexe de sa mère au moment où il lui raconte les faits. Il perçoit sa victimisation comme une trahison, non seulement du chauffeur de taxi qui le trompe (il ressent l'humiliation d'avoir été eu), mais surtout comme la frustration de ne pas être payé par le patron qui le rend responsable du vol. On saisit l'importance de l'entourage, le patron qui insiste sur son sentiment de culpabilité, et au contraire, la personne qui le console avec une bouteille de coca. Enfin, on peut saisir la persistance de l'émotion dans l'imaginaire, le film intérieur des événements qui tourne même lorsque la compagnie des amis devrait le lui faire oublier.

Jeune femme, victime secondaire de meurtre

« J'étais encore petite, j'avais huit ans, ils ont tué mon papa devant moi. C'est son ami qui l'a livré à cause de 30 000 F. Quand la guerre a commencé, mon papa était directeur d'école. Tout le monde est sorti, donc mon papa a dit à ma maman de partir avec nous. Mais moi, j'ai dit je vais rester avec mon père pour préparer pour lui. Après, si ça se calmait un peu, on allait

retrouver ma maman dans le village de ses parents. Mais son camarade a dit que les gens venaient, donc on n'a qu'à sortir. Il dit qu'il connaît un endroit qui est sécurisé, mais j'ai dit à mon papa qu'on ne le connaît pas et qu'on a dit qu'on va aller retrouver maman. Il a dit : « Ce n'est pas grave » et qu'après on va repartir. Et puis, on est parti. Mais on n'a pas pris quelque chose même, parce qu'il nous pressait de sortir.

On est arrivé dans un village et là, on a dormi. Mais le matin, la maison était encerclée de FRCI, (militaires d'un parti). Et puis, ils nous ont regroupés pour nous faire mettre dans un coin. Et puis, ils ont dit au camarade de mon papa, il était caché derrière un arbre, « Tu dis c'est lequel, il faut le montrer on va te donner tes 30 000f ». Et puis, il a indiqué.

C'est là, ils ont commencé à dire : « C'est toi, tu es homme de G. là, tu es bété non, on t'a envoyé pour nous espionner. On va te tuer aujourd'hui ». Et puis, ils ont pointé l'arme sur mon papa, quand j'ai vu l'arme sur mon papa, j'ai tapé l'arme et puis j'ai dit : « Enlevez l'arme sur lui, ne mettez pas ça sur lui. Si vous voulez le tuer, tuez-moi aussi. » Et puis, ils m'ont projetée. Les femmes qui étaient là ont dit : « Ma fille, reste tranquille ». Et puis, ils m'ont dit : « Comme tu veux mourir avec ton papa, viens on va le tuer, et tu vas regarder ». En allant, ils ont dit : « On va tuer son papa, et elle sera notre femme ».

On est parti au bord de l'eau, quand on est arrivé, ils ont pris un couteau et ils ont coupé d'abord une oreille, j'ai crié, et au moment je me suis levée pour aller là- bas, il y avait un qui était près de moi. Il m'a giflé avec sa bague, mon œil était gonflé, toute ma joue était du sang, c'est la trace que vous voyez là. Ça même, c'est parti. Avant j'étais vilaine même, toute ma joue était une cicatrice. Et puis, il m'a dit de regarder. Il a coupé une deuxième oreille, je criais, et mon père a crié : A……, A……, je n'ai pas répondu. Et puis, il a dit B….., B…., c'est bon, reste tranquille, et puis, il a dit aux rebelles : « Moi, je sais que vous allez me tuer, j'ai déjà vécu, mais ma fille, laissez-la, elle est encore petite. Et ils ont pris un couteau, ils ont dit, tu veux voir non ? Regarde ! Ils lui ont tranché la gorge, de ses oreilles jusqu'à l'autre oreille, sa tête pendait, il tremblait, tout son corps tremblait. Le sang est versé sur eux, et puis ils l'ont poussé dans l'eau. Après, ce qui s'est passé, c'est ce qui fait que je suis devant vous. Les hélicoptères ont commencé à tirer et chacun s'est cherché. Ils ont tous fui. Moi aussi, j'ai commencé à courir. Je suis allée me cacher dans les bois jusqu'à la nuit, c'est là je suis sortie et j'ai commencé à marcher. C'est à cause des hélicoptères qui ont commencé à tirer que je suis vivante. Après, quand c'est fini, on est allé le chercher. On a trouvé seulement ses os, la chair là, les poissons ont tout mangé. C'est pourquoi, je peux jamais avoir ami parce que c'est ami de mon papa qui l'a tué. Ce monsieur-là, moi je l'appelais tonton. Il vient à la maison, ma maman prépare et il mange. Chaque mois, mon papa paie sac de riz et il payait pour lui aussi et il lui donnait 20 000f pour mettre dessus... Et puis, toi à cause de 30 000F, tu livres mon papa !

Je ne peux pas dire que je vais avoir ami. Je ne peux pas... Oui, mon copain aussi, il ne travaillait pas, et comme ça allait chez moi, c'est moi, je lui donnais un peu, il passait ses concours. Ce qu'il va faire, c'est pour aller prendre ma meilleure camarade pour nouvelle copine. C'est ça mon histoire. »

Cette femme porte sa souffrance depuis cinq ans. L'horrible vidéo imaginaire tourne encore dans sa mémoire, détruisant jour après jour toute sa dimension sociale. L'amitié, la confiance en l'autre se tournent en trahison : elle s'enroule dans un cercle infernal et étouffe.

Toutes les victimes n'ont pas subi un tel choc, mais on remarque, d'une façon générale, qu'elles ont une image d'elle-même très négative, se dépréciant sans cesse, et s'enfermant dans un grand isolement social marqué par la méfiance de l'autre et la peur.

Certaines ne supportent pas d'être touchées ou même approchées de près, et l'on remarque chez elles un geste instinctif de rejet. Comment alors vivre quelque relation sexuelle ou même familiale ? C'est aussi le cas fréquent des personnes qui ont été abusées dans leur enfance.

Pour les victimes de torture, l'objectif du chemin à entreprendre pour guérir est évidemment opposé à celui du tortionnaire qui vise à détruire la personne, à créer autour d'elle un silence social, l'isolement total, loin de tout point de repère de temps ou de lieu, à détruire son appartenance collective, à la dé-culturaliser, bref à la déshumaniser, la réduisant à l'état de déchet. Il s'agira de l'aider à se reconstruire en groupe, à s'exprimer, à retrouver ses attaches culturelles et les rites de sa vie antérieure, à retrouver par la reconnaissance des autres une image de soi positive… « Tu es quelqu'un, capable de.. » Il faudra du temps, et c'est pourquoi nous proposons un long cheminement vers les rencontres avec des agresseurs dans le cadre des ROV (Rencontre Offenseurs Victimes) telles que dans le projet de Duékoué où la cruauté des affrontements de la guerre civile a été particulièrement intense.

- ***Les signes de la victimisation***

Si chaque victime est unique, des traits communs se remarquent et les personnes passent quasiment par les mêmes phases.

Tout d'abord ***une phase de choc et d'anéantissement, marquée par des signes particuliers.***

La personne généralement réagit physiquement par le stress, des réactions de défense, de survie. Sa voix est transformée, elle ne reconnaît pas sa façon de crier, son cœur bat, elle tremble et son visage devient très pâle à moins qu'au contraire l'hypertension ne la fasse rougir de façon excessive. En même temps elle a des vertiges et ne sait plus où elle est, elle voit et entend mal, et souvent éclate en sanglots. Elle aura des problèmes de sommeil, des cauchemars ou des insomnies. Parfois cela la conduit à l'alcoolisme pour oublier pendant des années et ressentir le goût de l'évasion pour ne plus vivre.

> *« Je buvais koutoukou (boisson locale très alcoolisée) 200F pour dormir ou blanco 1 litre. Mon enfant venait me dire : « Les gens disent que tu bois koutoukou, mais moi je sais pourquoi tu bois, donc ce n'est pas grave ». Cela ne me disait rien. Dans ma tête, je mourrai derrière mon frère, c'est bon. Je bois depuis 2004... Ils ont tué mon mari et mon frère. Ensuite mon père qui m'envoyait l'argent pour me soigner est mort aussi. » (48 ans, victime secondaire de meurtre.)*

La réaction physique est tellement forte que ***le système nerveux est affecté et que la vue de certains objets va provoquer automatiquement la peur***. Ainsi, par exemple, toute chemise rayée rouge lui rappelle celle du meurtrier de sa petite sœur, tel bruit, tel air de musique, telle forme de maison, etc. restent autant d'éléments associés au crime. Une victime témoin d'un hold-up dans un magasin ne peut plus passer par cette rue ou aller chez son coiffeur à côté, pendant des mois, une autre se croit toujours suivie dès qu'elle marche dans la rue, etc.

Ainsi la peur des représailles, de revivre le même événement, de ce qu'on va dire à la police ou au juge même, la poursuit car souvent la victime ressent ***un sentiment de culpabilité...***

> *« Quand les policiers sont venus, j'avais l'impression que c'était moi l'auteur du crime... J'aurais dû faire ceci, fermer cette fenêtre, ne pas me trouver là, etc. »*

Enfin, la victime aura de la difficulté à communiquer son expérience à autrui. Elle a le sentiment que les autres ne peuvent pas sentir ce qu'elle vit et a l'impression d'être jugée, blâmée pour ce qui est arrivé.

Le lieu de l'agression est tellement odieux que la victime va chercher à déménager, ou changer de métier, ou même évitera de se rendre dans tel quartier.

Elle aura du mal à se réadapter à la vie quotidienne et remarquera parfois un ***manque de concentration dans son travail, des maladresses inhabituelles.***

La colère et le désir de vengeance vont parfois surgir. Elle réclame une peine sévère pour l'auteur du crime, mais elle s'en prend aussi à son entourage comme présupposé complice.

En même temps ***le sentiment d'impuissance*** lié au fait de ne pas avoir été capable de se défendre, qu'on ne peut pas changer quelque chose, qu'on ne peut pas revenir en arrière, la plonge souvent dans des états dépressifs chroniques, parfois liés à la période du crime inconsciemment enregistrée dans sa mémoire. Chaque année, à la même période, elle est anormalement fatiguée, vidée intérieurement, sans goût à la vie, incapable de prendre des loisirs ou d'affronter les frustrations. On ne comprend pas. Dans tous les cas, il y a ***un deuil*** à opérer, non seulement d'objets volés qui étaient utiles ou parfois chargés d'une grande valeur sentimentale, mais aussi de projets élaborés depuis longtemps comme cette maman qui avait fait des économies pour acheter son appartement et qui constate que tout son compte bancaire a été dévalisé.

Enfin le crime a un fort impact sur les relations interpersonnelles et la vie quotidienne :

La tendance de la personne victime est de se replier sur elle-même. Souvent elle ne parle pas pour ne pas faire de la peine et elle réduit ses liens avec l'entourage. Parfois encore la situation se détériore, comme nous venons de le voir, en agressivité, ou en climat de honte, particulièrement chez les victimes de viol ou d'inceste.

« *Je me sentais sale* » dit une victime. *Je me suis tu pendant 36 ans* dit une autre. *J'ai compensé en mangeant beaucoup, ce qui fait que je me sentais encore plus moche et incapable de séduire.* »

Enfin la colère peut générer l'envie de se venger et la recherche de plan pour cela, provoquant une série de violences en chaîne.

- ***Normalisation et ajustement***

Après la désorganisation fréquente apparaît peu à peu une période de reconstruction et d'acceptation relative dans la mesure où les victimes y sont aidées. C'est là que peut être proposée la participation aux rencontres de justice réparatrice qui vont aider à relire l'événement pour faire face à l'impact du crime, en acceptant ce qui est arrivé comme à distance de soi. Il s'agit ainsi d'être capable de trouver des explications et de relativiser l'expérience, de la comparer avec autre chose. Les victimes veulent revenir à l'état antérieur et tourner la page, à moins qu'elles n'aient quelque problème de santé mentale.

Or, ***la victimisation bien assumée peut devenir expérience de croissance personnelle*** et ouvrir à plus de maturité. Elle peut permettre de comprendre la vie de façon constructive. Elle va déclencher une remise en question personnelle, affermir les valeurs, donner l'importance à ce qui en vaut la peine. Cela peut être un tournant dans la vie. Toutes ces raisons renforcent la pertinence de la justice réparatrice qui croit à la résilience de l'être humain.

Les phases ne se suivent pas de façon linéaire. Il y a des gens qui ont l'air de ne pas avoir de choc, qui reprennent leurs activités, mais plus tard se désorganisent. La résilience sera aussi ***relative à l'histoire de la vie antérieure***. Un événement traumatique n'arrive pas sur un terrain vierge. Une personne aimée, respectée a plus de chance de survivre au traumatisme, tandis que celles qui sont affaiblies par des conditions familiales déficientes ont plus de difficulté à faire face. Le fait d'avoir déjà été atteint par d'autres traumatismes tels qu'un divorce, la naissance d'un enfant handicapé, un avortement ou encore une autre victimisation renforce le stress à l'excès. De plus, dans certains cas de post traumatisme, les chocs du passé sont complètement oubliés mais séjournent dans l'inconscient. Ainsi A. venue au RDV comme témoin d'un hold-up a compris, au fur et à mesure des rencontres, que l'excès de ses émotions était dû à l'oubli complet de onze viols subis durant son adolescence.

Elle dit :

> *« En mettant ma colère dans une poubelle avec un couvercle par-dessus, j'ai cru que je pourrai tourner la page. Mais en fait, j'ai gelé mes émotions et je suis restée enfermée dans ma prison intérieure. Je ne peux plus continuer à me détruire. Il faut que j'en parle et que je leur dise (aux agresseurs) qu'ils ont détruit ma vie. »*

Une sorte d'amnésie des faits s'était élaborée dans l'inconscient en mesure de défense.

Le processus du RDV permettra de faire émerger ces couches secrètes en constituant non seulement un lieu d'écoute des souffrances et des faiblesses, mais en permettant l'émergence des forces de la personne, qui seront comme un levier thérapeutique pour sortir de ce qui pèse sur toute la vie quotidienne, et parfois empoisonne encore les nuits en insomnies ou cauchemars.

Outre cette description de la victimisation, apparaît l'importance de connaître les réactions de victimes face à la proposition qu'on leur fait de rencontrer des agresseurs. Autant de défis à relever.

- ***Défis et attentes des victimes par rapport aux rencontres***

Vraiment, rien que l'expression « rencontre » fait figure d'angélisme pour la personne qui est blessée, humiliée d'avoir été l'objet, le jouet de celui qu'elle qualifie parfois de monstre ou de malade. Vais-je ouvrir la porte de ma vie à celui qui est entré par la fenêtre, a fouillé dans mes affaires personnelles, pris des souvenirs qui ont une valeur sentimentale inestimable, ou kidnappé mes outils de travail ? Vais-je ouvrir les bras à celui qui m'a dominé avec un couteau dans le dos ? Non ! Qu'irai-je faire à rencontrer des individus qui, comme mon abuseur, a détruit ma vie. C'est impossible de s'affronter à l'irréparable. Beaucoup de victimes à qui la démarche du RDV est proposée esquivent l'invitation :

> « *Je préfère tourner la page, je ne veux pas retourner le fer dans la plaie, ou tout simplement je n'ai pas le temps, ma femme n'est pas d'accord, etc.* »

Beaucoup pensent qu'il leur faudra reprendre l'épreuve du procès, se situer sur la défensive. D'ailleurs les termes « Agresseur, Offenseur » ont le goût acre de leur prononciation *agr..off...* comme une sorte de réponse agressive au mal subi. On tourne en rond dans le cercle gagnant-perdant, oppresseur-opprimé, et l'on s'épuise à écraser l'autre, ou soi-même, d'arguments plus forts...Finalement ces qualificatifs de combat m'épuisent et je préfère éloigner ces mauvais souvenirs qui vont à contre-courant de ma sécurité et du goût de vivre que je voudrais retrouver. Je veux oublier et je réclame que cet agresseur soit écarté le plus possible, le plus longtemps possible. Il faut en faire un « détenu » ! La peur, la colère, la vengeance refont surface. C'est bien la réaction spontanée de tout un chacun, la plupart du temps, jusqu'au jour où on a l'occasion d'entrer dans une prison.

A rencontrer des détenus, à les écouter longuement, on découvre à la fois la montagne de souffrances sur laquelle ils s'adossent et des cœurs fragiles qu'on gagne à découvrir derrière l'épaisse carapace de leurs défenses. Les media n'aident pas non plus l'opinion publique à changer de regard puisqu'il s'agit souvent de chanter la victoire d'un bon coup de filet de la police qui soulage enfin les victimes, rassurées de savoir que la menace est désormais écartée pour un long temps. *« Elles respirent,* » nous dit-on. Est-il vrai qu'elles respirent ? Certes l'agresseur incarcéré perd son pouvoir d'agir, mais a-t-on vraiment fait justice ? La victime est-elle davantage considérée par la Justice et aidée dans la guérison de sa personnalité blessée ou dans la réparation de ses relations endommagées ? Même si elle veut enterrer au plus vite la douleur ou la colère qui la perturbent, en niant ses émotions négatives, elle garde secrètement une peur et un malaise.

Quand on décide vraiment de se sortir du malaise ou de la souffrance profonde dans lequel laisse parfois l'événement du crime, bien des années après, de nombreux obstacles se dressent. Il faudra du courage pour les regarder en face et prendre une décision de participation. Outre les difficultés pratiques de transport pour se rendre à l'établissement pénitentiaire, le temps que cela demande, il faut envisager les précautions de discrétion à prendre, dans la plupart des cas, pour que les proches ne sachent pas que j'entreprendrai cette démarche. A cela s'ajoute ma difficulté personnelle à parler en public devant des gens que je ne connais pas, et je sais que bien d'autres défis à relever m'attendent. Des obstacles psychologiques rendent l'aventure difficile.

De plus, la première réaction d'une victime par rapport à l'événement est celle du ***déni*** : « *Ce n'est pas possible », « ce n'est rien » « secoue-toi », « ce n'est pas la fin du monde ».* Et les semaines passant, on se lance dans l'activisme ou bien on s'enferme dans sa douleur, et l'on dit : « *Je tourne la page ».*

La vie se traîne dans un long soupir ou bien se durcit dans des rationalisations sans fin pour connaître les tenants et les aboutissants, *si ...si...* On s'invente des scénarios pour s'expliquer les événements, des recherches sans fin qui occupent le cerveau en enfermant le cœur dans un coffret de béton. Quel soulagement quand on arrive à pleurer et à reconnaître : *« C'est moi la victime ! »*

Pour participer à un dialogue de RDV il est évidemment nécessaire d'***admettre sa blessure,*** d'accepter l'humiliation d'avoir été mis en échec, d'avoir été trompé, ou écrasé par un plus fort, d'avoir été mis dos au sol (physiquement ou psychologiquement) par un monstre. Quelqu'un a fait irruption dans ma vie et m'en a arraché le plus précieux. Tant mieux si la colère peut s'exprimer, et tant mieux si je peux dire à mon agresseur ou à quelqu'un qui lui ressemble : *« Tu m'as fait mal comme ça ! »* Mais oserai-je rencontrer un agresseur ? La peur m'envahit. Tous les stéréotypes de l'agresseur forgés et entretenus par mes lectures, mes relations, et les media s'entrecroisent pour me barrer la route. S'y ajoute la peur de représailles si je parle. Ils trouveront bien le moyen de se venger si je parle quand ils sortiront, ou bien ils ont des complices dehors.

La vidéo intérieure recommence à tourner me rendant impossible l'éventualité d'une rencontre avec des agresseurs. Surgit la peur de revivre l'horreur que j'ai vécue en essayant de raconter les faits : cette peur d'être « re-victimisée » dont ma psychothérapeute m'a parlée ; cela peut être aussi la peur vis-à-vis de mon entourage qui pourrait voir dans cette démarche comme une trahison vis-à-vis de mon fils assassiné, en voulant oublier, peur très subtile accompagnée de culpabilité.

Enfin j'imagine la peur de moi-même car je crains d'exprimer en public mes émotions violentes de colère et de vengeance, à moins que ce soit peut-être la peur subtile d'avoir à sortir de cette tour d'ivoire où j'ai fini par me donner un certain statut de victime.

Mais en même temps j'aurais tellement de questions à poser à mon agresseur ou à d'autres qui ont fait des gestes semblables : pourquoi fait-on cela à un autre être humain ? Pourquoi à moi ? Pourquoi à mon fils ou à ma seule fille ? S'il s'agit d'une victime d'inceste : pourquoi mon père avait-il du plaisir à gâcher mon enfance, à me détruire pour la vie ? Pourquoi ma mère qui devait me protéger a-t-elle laissé faire ?

L'attente qui s'exprime chez les victimes est finalement celle de ***comprendre***. Comprendre les faits, mais bien plus comprendre l'autre et me comprendre moi aussi finalement. J'aimerais une libération de cette prison intérieure dans laquelle j'étouffe et où ma vie est asphyxiée. Je ne me reconnais plus, je ne vis plus. Je voudrais arriver à me pardonner.

Comprendre, se faire entendre, confronter les détenus et parler de mes souffrances, puis enfin émerger et retrouver l'équilibre perturbé par l'événement du crime, telles sont les attentes qui ressortent des entretiens individuels faits avec les victimes avant de commencer le processus

2. L'offenseur

- ***Profil***

En justice réparatrice, l'offenseur, candidat aux rencontres avec les victimes, peut avoir commis n'importe quel délit ou crime. On peut même dire que plus l'offense est grave, plus il a de raisons d'y participer et peut y trouver sa place. Mais il faut qu'il soit reconnu coupable. Ou bien il est condamné par la Justice et généralement détenu en prison, ou bien il est condamné par le jugement social ou par son propre jugement, sans qu'une peine ne l'ait encore sanctionné, par exemple, en temps de guerre civile comme à Duékoué où les ex-combattants continuaient à vivre en société, croisant parfois tous les jours leurs victimes.

L'important est que l'offenseur ait un minimum de désir de changer de comportement et de réparer quelque chose auprès des victimes, en tout cas le besoin de retrouver la paix intérieure et la reconnaissance sociale importante pour vivre heureux. Il ne se supporte plus dans la honte. Il accepte d'être acteur de sa propre réparation. Il sera donc volontaire, acceptera de parler de lui, d'écouter les victimes et de les respecter. Ce n'est pas une petite affaire. Son amour-propre est engagé avec le risque d'être jugé par tous.

Mais on lui promet la liberté de parole : il ne pourra dire que ce qu'il veut, tout en sachant que c'est justement sa propre parole qui contribuera à le rétablir dans sa dignité d'homme responsable.

En outre il promettra comme tous les autres acteurs de garder le secret sur ce qui se dira et fera durant les rencontres. Cet engagement à la confidentialité est d'ailleurs ce qui lui donnera le courage de parler, publiquement ou en entretien individuel, de ce qu'il a fait.

Écoutons- les d'abord raconter leur propre histoire.

- ***Quelques récits***

Détenu pour vol

« Le 19 août 2012, c'était la fête du ramadan. Mon collègue m'a appelé pour aller saisir un brouteur à Port-Bouët. On est arrivé vers 20h. On est d'abord allé chez lui, mais il n'était pas là. On nous a dit qu'il était au cyber et puis on l'a trouvé là-bas.

Quand on est rentré dans le cyber, on l'a vu et on lui a dit de nous donner l'argent, mais ce n'était pas sur lui. Il criait et il tremblait. On les a fait tous se coucher par terre et le pistolet était sur eux. J'ai ramassé les ordinateurs portables et je les ai mis dans mon sac. On voulait aller chez lui avec lui pour prendre l'argent, mais l'autre a dit : « Ce n'est plus la peine ». On a demandé la clé du Cyber et on les a enfermés. Mais, on ne savait pas qu'il y avait une autre porte par-derrière. Les gens sont sortis et ils ont donné l'alerte. Ils ont crié « au voleur ». La foule était déchaînée. J'ai tiré en l'air pour disperser la foule mais ils devenaient plus nombreux, et j'étais fatigué de courir. Je suis rentré dans une cour et les gens m'ont livré à la foule. Ils m'ont frappé, m'ont boxé, m'ont shooté, ils m'ont maltraité, et puis il y a un qui a mis sa main dans ma poche et il a enlevé ma carte professionnelle ; c'était mon joker, et il a dit : « Les gars si on le tue ici, c'est nous qui allons avoir problème. Emmenons-le au commissariat », et c'est là qu'ils m'ont mis dans un taxi et on est parti. Avant de partir, ils m'ont frappé même.

Au commissariat, ils m'ont demandé si j'avais un ordre de mission et j'ai dit non. Ils m'ont dit de dénoncer mon complice mais je n'ai rien dit. Ils m'ont menacé et ils ont dit qu'ils allaient envoyer des photographes pour me mettre dans le journal. Mais pour moi, tout ça c'était du bluff. Et le photographe est venu et je suis sorti sur « Ivoire info ». Là, j'ai eu honte, parce que ma famille qui était à Divo était au courant, vraiment, j'ai eu honte. Et puis, on m'a envoyé au parquet et j'ai pris 20 ans. La semaine qui a suivi, c'est là mon matricule est sorti. Mon collègue est à ………

J'ai quitté l'école en 4e, j'étais bien à l'école mais j'ai aimé l'armée, je suis venu sur Abidjan. On était à Abobo mais comme on était démobilisé, on nous donnait chaque mois 90.000 FCFA. Et on était à la maison. J'ai commencé à voler parce que c'était dur et mon ami m'a appelé une fois pour me dire d'aller prendre les ordinateurs portables des brouteurs. »

On ne saisit dans ce premier récit aucune conscience de l'impact du vol sur les victimes ni celui de braquer une arme pour les maîtriser, encore moins de son infraction à la loi. Ce jeune a décroché de l'école qu'il aimait pourtant, attiré par les visites qu'il faisait aux militaires dont les opérations avaient lieu chez son oncle pendant les vacances. Il y a appris à manier le pistolet. Après la démobilisation, la nécessité de gagner sa vie l'engage au vol comme « suiveur » d'un entraîneur plus performant qui l'exploite au rôle de « surveillance ». Il se présente plus comme victime de la foule déchaînée que comme auteur de délit.

Un autre détenu pour vol.

« Je faisais la mécanique. Mon patron m'a envoyé, il m'a envoyé pour payer bloc 40 000F et puis 5 000F. C'est mon transport, je n'ai qu'à lui envoyer la monnaie. Arrivé à Adjamé, il y a un jeune qui a dit qu'il vient de prendre portable avec quelqu'un (voler). Si je veux, il va me laisser ça à 40 000 F ; Je dis : « Je vais voir » et puis il m'a dit de vite mettre dans ma poche. On a négocié, je suis tombé d'accord avec lui sur 20 000 F. Et puis après, il m'a donné tout. Je suis parti.

*Dans ma tête, j'ai dit : « Je vais aller revendre le portable là plus cher ». C'était un Sony Ericsson 4 750D. Maintenant, dans le gbaka (*transport collectif*), je voulais regarder le portable. J'appuie le bouton, ça ne s'allume pas. Et j'ai appuyé fort, c'est tombé dedans jusqu'en bas et puis du sable est versé sur moi. Je suis descendu du gbaka. J'ai cherché le jeune pendant deux jours. Je pensais que je n'allais plus le voir. Et puis, je suis allé boire un café noir expresso, j'ai expliqué mon problème et puis le gérant m'a dit d'aller voir à premier feu. Je suis parti et puis je l'ai vu, et il a commencé à me vendre encore. Je l'ai attrapé et puis, je lui ai dit de rembourser mon argent. Il a dit, qu'actuellement, il n'avait pas l'argent sur lui, et que de rester à côté de lui, s'il gagne, il va me rembourser. Ses autres amis sont venus. Ils m'ont dit de me calmer ; il y a même un qui m'a donné le Erickson que je voulais payer là, il m'a dit d'attraper. Donc je suis resté à côté d'eux, et puis ils m'ont remboursé les 40 000 F et puis, ils m'ont donné un portable cadeau.*

Et puis je suis parti [....]. Les autres apprentis qui étaient dans mon quartier avec moi, ont dit que mon patron a gâté mon nom et que, si je viens, il va me renvoyer. Après, j'ai appelé le vendeur et puis j'ai dit : « C'est ton ami que hier on était ensemble. Il dit qu'après, il va me rappeler. Il m'a rappelé et puis, on s'est retrouvé vers Siporex, il a payé une bière pour moi. Il avait fait des achats d'habillage de portable et il avait commencé à faire devant moi. Et puis il a dit d'aller chez lui, c'est là que je suis rentré dans le travail.

*J'ai commencé à vendre et puis une fois, il y a un monsieur qui est revenu m'attraper pour m'envoyer au 23e (*commissariat), *mes amis sont venus payer les 30 000, ils m'ont laissé. Une vraie amitié, une vraie solidarité, c'est ça je pense. Il y a un autre, lui, je lui ai donné son argent et il est parti. Je pense que si tu as accepté, donc c'est réparé [....].*

Non, on ne fait pas cela aux femmes et aux mamans. Quand cela leur fait mal, elles sont blessées, et c'est leurs paroles, là, qui m'ont envoyé ici. Je vais leur demander des excuses, Après ma prison, je ne pense plus à faire des conneries dans ma vie, comment je peux me libérer ...»

Ce témoignage manifeste un criminel précoce, tombé par hasard dans un réseau de petits voleurs où il recherche solidarité et amitié, valeurs vitales dont il a sans doute manqué. On sent même une certaine naïveté, mais aussi l'attrait du matériel moderne et de l'argent, la fierté d'avoir des techniques de communication qui valorisent. C'est la parole des femmes qui touche son cœur et réveille son désir de changer, et de se libérer pas seulement des barreaux mais de mauvaises habitudes. Il n'a aucun sens de la propriété privée du patron : ses tractations avec l'argent du patron ne le culpabilisent nullement : c'est la débrouille qui compte. Un manque de maturité le rend vulnérable à toute influence. Cela pourra le conduire à des actes plus graves, braquages ou meurtres, s'il se laisse embaucher par un gang. S'il s'engage à participer au RDV, ses yeux vont s'ouvrir et il va comprendre qu'il est capable de mieux. Des horizons s'ouvriront et il gagnera en maturité.

Détenu, pour meurtre

« C'est après la crise de 2011. Le maire a organisé un tournoi de maracana de 22 h à 06 h [....] Mon ami était mon adversaire. Il m'a coudé, je suis tombé dans le caniveau et un fer m'a déchiré. Il s'est moqué de moi. On a joué. Mes amis m'ont dit de sortir. Je dis : « Je vais rendre mon coup [...]. Après, il a continué à se

moquer. Dans la crise, ils ont coupé l'eau, je suis allé chercher de l'eau, il m'a dit : « Tu sais, l'eau est source de vie, il faut m'en prendre aussi. Je n'ai rien dit [...], je me suis occupé de lui.

Le lendemain soir, il dit de venir l'accompagner. Il va aller à la selle en brousse. Il y avait une maison inachevée. C'est à ce moment que j'ai imaginé : là où on s'en va, nous serons seuls, donc j'ai accepté. Je me suis dit : on est seul. Je suis allé m'asseoir sur les briques donc là, j'étais avec deux voix....Quand il a fini, au moment où il devait sortir, je l'ai poussé, sa poitrine a cogné le mur, s'est cassée...Il est tombé sans pouvoir respirer .J'ai couru, je suis allé à la maison, je me suis arrêté devant leur porte, et puis quelque chose m'a dit de continuer. Je suis allé à la maison. Je ne pouvais pas fermer les yeux, tout défilait dans la tête. J'ai dormi et je me suis réveillé vers 22 h.

Sa maman m'a demandé, tu n'as pas vu C., j'ai dit : « Non, depuis matin, je suis à la maison ». Je pensais, je suis élève, et en plus, et si je partais en prison ? Donc je me suis tu. Le dimanche, j'ai menti que je vais faire lessive, je ne suis pas parti à l'église. Je suis parti vers la zone, ma maman m'a dit de venir.

La maman de C. est revenue. Elle a commencé à crier sur moi. Quelqu'un a dit avant-hier : « J'ai vu J. et C. vers la baraque »....J'ai dit : « Non, ce n'est pas moi (.....), ils l'ont cherché jusqu'à 16h, ils ont trouvé son corps et ils sont allés vers sa mère. Ils ont appelé les policiers et ils m'ont envoyé à la P.J. Ils m'ont questionné .... »

J. est dit « mineur majeur. » Il risque une peine de 25 ans si une alternative n'est pas trouvée. Un garçon intelligent qui voulait poursuivre ses études. Il n'est pas d'un milieu criminel mais d'une famille économiquement très modeste, fils unique d'une mère seule. Son ego l'a entraîné à la vengeance, et la bagarre avec son ami a été fatale. Il a frappé fort en le coinçant contre un mur, et il en est mort.

Réaction d'amour-propre qu'il regrette amèrement, d'autant que C. était son ami et que son avenir personnel s'obscurcit gravement. Mais il n'est pas sûr qu'il mesure sa responsabilité.

Ces quelques récits d'offenseurs montrent combien ils racontent assez librement leur histoire, mis en confiance par l'engagement à la confidentialité exigé, mais aussi dans l'espoir d'une transformation.

La psychologue de notre équipe, Hortense Kanga, résume ainsi son point de vue :

> *« L'offenseur lui aussi a toute une histoire. Il a souvent manqué de marques de tendresse, a été ballotté d'un tuteur à un autre. Il est allé chercher un peu de chaleur humaine dans une bande de camarades où il s'exerce à voler ou faire d'autres exploits délictueux. Ce sont des récits semblables qui peuvent s'exprimer dans le cercle restreint d'un RDV (Rencontres Détenus Victimes), lié par la confiance du fait de la confidentialité exigée.»*

Il est important de connaître la situation des détenus et les défis qu'ils ont aussi à relever en s'engageant dans les Rencontres Détenus Victimes. Chaque détenu est unique et son histoire unique sera donc à considérer. Mais on peut saisir certains points communs. La plupart des agresseurs qui veulent participer aux RDV arrivent avec un background chargé. Beaucoup ont été des victimes de brutalité ou d'abus sexuels, ont emmagasiné d'énormes frustrations qui se déchargent en violence à la grande adolescence ou à l'âge adulte.

Beaucoup sont des professionnels de la criminalité. Ils ont donc d'énormes défis à relever pour se libérer de ce qui les a façonnés depuis leur enfance. Il s'agira, pour faire émerger une liberté personnelle, de déconstruire la logique de la criminalité. Essayons de repérer quelques éléments de cette complexité.

- ***Comment devient-on criminel ?***

Plusieurs causes de la criminalité peuvent apparaître dans les entretiens avec les offenseurs : cela va de la soumission à des contraintes traditionnelles jusqu'à l'apprentissage du tortionnaire.

La forte pression de certaines obligations traditionnelles

Même si l'éducation a fait progresser le sens du respect de chaque personne humaine, il existe encore des sociétés traditionnelles dont la pression est telle que la vengeance est devenue obligation absolue. Si ton père a été tué par tel individu d'une ethnie ennemie ou d'une famille non acceptée par la tienne, tu as l'obligation de venger ton père en tuant soit l'agresseur, soit un membre de ce groupe social, et ainsi se perpétue le cycle infernal de la mort.

On peut aussi remarquer que si la vie moderne prétend estomper ces traditions, le fonctionnement de la justice et la mentalité commune se rapprochent de la loi du talion qui promeut que le mal doit être sanctionné par le mal : ceux qui ont offensé méritent qu'on leur rende la pareille. Et que dire des temps de guerre où toutes les horreurs semblent admises, voire encouragées, pour faire face à l'ennemi, l'humilier et l'éliminer.

Après la guerre civile en Côte d'Ivoire, j'ai écouté personnellement certains candidats aux ROV raconter, le plus naturellement qui soit, qu'ils n'avaient pas le choix de tuer, qu'ils avaient été entraînés dans un camp à frapper les femmes enceintes à la machette, à les éventrer et à tuer les enfants ou encore à violer les filles et les femmes comme faisant partie de la stratégie de guerre. Malheureusement ces mœurs ont l'air si naturel qu'elles justifient toutes sortes de crimes et sont difficiles à faire évoluer.

En dehors de ces cas extrêmes, beaucoup de délinquants ont vécu dans un milieu de criminalité dès leur enfance : les valeurs étaient à l'opposé de celles de la loi. Ils y ont vécu toute une initiation au crime jusqu'à faire carrière dans la criminalité comme on peut faire carrière dans un sport. Les étapes de ce parcours apparaissent à travers de nombreux récits de détenus. Il s'agit surtout de ceux qui en sont venus à la violence extrême, à la torture, au crime organisé, à l'abus sexuel perpétré pendant des années, ou à l'inceste accompagné de violences. Il est nécessaire de comprendre comment on devient criminel pour chercher une piste de changement.

Le crime comme réaction à l'environnement

Beaucoup expliquent leur agressivité comme une réaction au dysfonctionnement de leur famille ou de leur milieu, au contexte de leur histoire personnelle.

Léo par exemple n'a connu aucune affection dans une famille d'accueil où il a été le souffre-douleur d'une mère brutale qui lui a révélé à douze ans qu'il était un enfant adopté. Il en a été totalement déstabilisé et a fui le foyer.

> *« La madame, elle m'a dit : « Je suis pas ta mère, lui, c'est pas ton père, lui, ce n'est pas ton frère...Ça fait que mon univers, il est tombé à terre parce que j'étais pas au courant...fait que je me suis ramassé avec des copains. J'ai trouvé avec eux ce que je ne trouvais pas chez nous. »*

Ainsi la carence dans les relations familiales des premières années provoque un développement inadéquat du moi et du surmoi et l'impossibilité ensuite pour l'enfant de contrôler ses pulsions délinquantes, et finalement de ne plus savoir qui il est.

> *« J'en ai vécu de la violence dans mon enfance. J'en ai vécu dans mon adolescence. J'en ai vécu à l'âge adulte. J'en ai vécu... Vous m'auriez demandé il y a 20 ans qui es-tu ? Moi je m'appelle Robert. Point final. Je vis sur les nerfs. Je n'ai pas d'avenir. Je n'ai rien à raconter. Suis nul. C'est ce que j'étais. »*

Quant à *Simon* qui appartient pourtant à une famille socialement bien structurée, du moins en apparence, il dit avoir souffert de voir sa mère malade pendant dix-huit ans et d'être écrasé par un père qui le mène à la dure. Il répète plusieurs fois : *« avec beaucoup de violence et d'abaissement »*. Il explique alors, qu'en réaction à une telle domination, il a développé à son tour un goût du pouvoir qui l'a conduit à mener une double-vie.

> *« Il fallait ventiler ma frustration d'enfant d'avoir été refoulé sexuellement, d'avoir été abaissé par mon père. Alors avec un uniforme* (il était policier) *j'exerçais le même pouvoir. Je l'exerçais sur des femmes et sur d'autres personnes. Je développais de l'inventivité pour me trouver un peu d'argent de poche pour mener une double-vie : un gars qui avait des maîtresses...me prouver que je voulais être le meilleur parce que toute ma vie on m'avait dit que j'étais le moins bon. »*

Il se qualifie alors d'agresseur sexuel et se reconnaît responsable de plusieurs hold-up qu'il a commis dans le but de trouver cet « argent de poche » dont il avait besoin. Cela l'a conduit au meurtre de deux gardiens qui l'avaient surpris en flagrant délit.

Ainsi nous voyons que victimes de violence familiale ou stigmatisés dès leur jeune âge, les détenus interviewés trouvent là la justification de leur pratique criminelle à l'âge adulte.

Une question de survie

L. raconte qu'il fuyait la brutalité de son oncle et était réduit à coucher dans les garages lorsqu'il fut engagé pour la première fois comme complice d'un holdup. La rétribution reçue des leaders lui est apparue immédiatement alors comme la somme d'argent nécessaire pour se payer l'appartement dont il rêvait. Ce fut le commencement de sa carrière criminelle : *mon rêve c'était d'avoir un appartement. Ce n'était pas de voler.* (Rires). Puis le premier crime commis par nécessité entraîne dans un engrenage de sorties, de double-vie, d'endettement, de drogue ou d'alcoolisme dont les rouages sont contraignants et développent la violence :

> « *Payer une dette...payer des sorties...continuer à me procurer de la dope, ça, c'était une des raisons mais il y a plus que ça. Y a le fait que c'est un trait de personnalité. C'est de l'agressivité.* » (N. 45 ans, vols qualifiés, prison à vie).

Pour tous, en effet, le vol qualifié est une décharge d'agressivité, « un exutoire » dit S. :

> « *C'était un moyen de ventiler, de faire des vols par effraction dans des commerces: simplement ramasser de la monnaie, faire beaucoup de dommages, briser, ventiler. Un jour j'ai été pris.* »

Suite à l'expérience d'un milieu familial dysfonctionnel ou brutal et à l'angoisse de la survie naît une haine sourde de la société en bloc et une volonté de vengeance. Le jeune qui l'éprouve devient alors facilement la proie des professionnels de gang.

La stratégie du gang

On passe progressivement du vol à l'étalage au vol de maison ou de banque et on en arrive au meurtre. Initié par des maîtres, qui l'attirent par l'argent pour un petit service, le jeune devient ensuite associé à un gang professionnel ou seulement complice spécialisé dans une tâche telle que celle de faire le guet ou grimper à un mur, hissé par d'autres, pour explorer la situation. À chaque exploit, la reconnaissance du gang le valorise et le stimule à recommencer. Louis se rend compte dix ans après de cet impact :

> *Le contrôle des autres, les crédits que je me donnais face à mes copains du milieu. « Ah ! Tu fais un bon job, tu fais de l'argent. Tu fais ça bien.*

Ainsi, dans une première étape, ***le gang met en valeur son identité*** en le persuadant qu'il peut devenir un héros, en attisant son goût de promotion, un « désir de monter dans l'échelle » accompagné du goût des sensations fortes.

Ensuite dans une ***2e étape, le gang va déconstruire son identité initiale*** par la peur et des interventions imprévues, explique F.Sironi[19] : une sorte de « dégénérescence du social » maintient alors le contrevenant dans un monde clos où autrui n'existe pas. « Des épreuves humiliantes comme ramper comme des chiens, à n'importe quelle heure du jour et de la nuit. La sphère privée n'existe plus…la photo de ta petite amie est déchirée, et on confisque tout ce qui avait un lien avec ta vie antérieure. Celui qui craque est anéanti aux yeux des autres et à ses propres yeux. En ne revenant pas en arrière, on fuit en avant, dans cette désaffiliation qui est la condition de la manipulation. »

> *« L'autre n'existait pas pour moi* dit un détenu. *C'était juste un gros coup que je faisais. Je crois, moi, que c'était de*

---

[19] F.SIRONI, *Bourreaux et victimes, psychologie de la torture*, Ed. Odile Jacob, Paris, 1999.

l'incommunication, parce que dans un milieu criminel actif, on garde le silence le plus possible. On reste entre les mêmes gens.»

Vient alors la 3e étape ; le moment d'une nouvelle affiliation, c'est-à-dire d'une nouvelle appartenance ***par le lien du secret.*** Une nouvelle série d'épreuves, mais sans humiliation, doit faire de l'initié un pur et un fier. Les initiés accomplissent des travaux durs et pénibles dont la valeur repose sur la fierté, la beauté, et l'excellence. Si tu ne fais pas ce coup, tu n'es pas des nôtres. On apprend un langage codé, des cachettes secrètes, avec tout un arsenal d'interdits. Refuser une offre, c'est risquer la déconsidération de ses pairs. A la limite, refuser, c'est risquer l'exclusion du groupe, le règlement de compte et parfois la mort.

Enfin la 4e phase marque la consécration officielle de l'initié et de son appartenance au gang. On a désormais produit un homme nouveau, qui se distingue des autres pour toujours, jamais plus comme les autres, jamais plus comme avant. Si quelque événement fait vaciller cette construction psychologique, si celui qui croit avoir tout pouvoir rencontre de la résistance ou l'échec, il verse dans la violence gratuite, le jeu sadique.

Alors tous les moyens sont bons pour justifier ses actes.

> *« Quand on fait un vol à main armée*, me dit un détenu, *on ne veut faire de mal à personne; on veut l'argent. Si quelqu'un fait barrage, on le tasse ou on a peur, et on se défend en tirant : c'est le réflexe de survie. On ne pense à rien. La personne de la victime n'existe pas. »*

> *« Faut pas que tu lâches ta concentration, ...Tu vas là. Tu fais ce que tu as à faire, mais il y a une chose qu'il faut dire : s'il y a quelqu'un qui se met au travers de ton chemin, j'aurais pris les moyens nécessaires pour le tasser...Sans vouloir le tuer là. Je n'ai jamais voulu tuer personne. »*

Incapable d'autonomie critique, le délinquant reprend les réflexes de son initiateur qui l'a manipulé et applique la même mécanique à sa victime, réduite à l'état d'objet de satisfaction, de sa soif de pouvoir et de reconnaissance. Devenu lui-même objet, il va faire de l'autre, sa victime, un objet de domination, de plaisir, etc. L'agresseur entre dans une alternance d'humanité et d'inhumanité, de mépris et de reconnaissance, de méchanceté et de bonté : ce qui provoque en lui ***la confusion mentale*** (notamment dans le cas d'agression sexuelle d'un proche) et l'inconscience :

> *« Je devais avoir de la haine envers les gens, parce que je n'avais aucune conscience. »*

À cela s'ajoute, la plupart du temps, l'effet de la drogue qui le met ailleurs. Louis s'est retrouvé « gelé » à la police après avoir tué deux personnes qu'il aimait. Cette déconstruction identitaire engendre ***la brisure de la pensée.***

> *« Je ne sais même pas pourquoi j'ai tiré, la peur ? Un quart de seconde! »*

En effet, cette absence d'empathie pour les victimes et cette inconscience qui semble étouffer les émotions, n'empêchent pas le voleur d'avoir ***peur*** quand il se sent lui-même en danger.

> *« Lorsque j'ai vu les deux policiers qui étaient en arrière d'une auto, qui pointaient leurs armes, moi les jambes se sont rentrées dans la colonne vertébrale. »*

Si certains disent avoir eu du plaisir quelquefois à vivre ces aventures avec des copains, tous parlent plutôt de haine et de vengeance envers la société.

Mais cette logique implacable se fissure parfois quand l'agresseur a l'opportunité de rencontrer le regard d'une victime ou de faire l'expérience d'une vraie rencontre avec elle. Tout à coup l'humanité réapparaît même dans le processus du crime. Un détenu m'a raconté qu'allant *« faire une station »* (hold-up à une station d'essence), il a aperçu le sourire de la caissière. Elle le regardait par la fenêtre. Soudain il s'est trouvé comme paralysé et empêché de poursuivre. Tout à coup, en effet, cette silhouette derrière le comptoir était une personne qui aurait pu être sa petite amie parce qu'elle lui ressemblait.

Comment faire prendre conscience que cette personne que j'agresse est mon frère, ma sœur, et non un corps déshumanisé ou un instrument ? En même temps, comment permettre la découverte qu'on est soi et non ses actes ? Comment retrouver la parole et par là retrouver son identité humaine ? La démarche du RDV voudrait y contribuer, mais elle est souvent précédée par l'expérience carcérale, parfois pendant des dizaines d'années, pour le meilleur et pour le pire.

En prison le laminage de la souffrance

Ce n'est pas le lieu ici de décrire comment fonctionne le système policier et carcéral dans de nombreux pays d'Afrique, mais quelques souvenirs de ce que j'ai vu moi-même et entendu feront saisir peut-être ce que le détenu a subi avant la proposition que nous voudrions lui faire. Les procédés varient selon les lieux, mais généralement les témoignages sont souvent accablants. Les pratiques de la société comme celles des agents s'enracinent dans la prétendue efficacité de la punition brutale. La chicotte tellement employée en famille à l'enfance devient machette ou bâton qu'empoigne immédiatement l'entourage qui se rue sur celui qui est pris en flagrant délit de vol ou de violence. Le voleur est généralement lynché avant d'arriver au commissariat : heureux celui dont on n'a pas tranché le bras coupable ou même une autre partie du corps plus intime pour faire justice tout de suite. Réflexe social encore très fréquent.

Au commissariat, souvent avant même d'avoir été entendu, l'individu arrêté subira une pluie d'injures et de rappel de la loi s'il n'a pas quelque billet à sortir pour apaiser les menaces, car dehors les passions des plaignants se déchaînent et font pression sur les policiers.

Le présumé coupable sera enfermé dans un cachot noir puant où s'entassent d'autres détenus après avoir été déshabillé et humilié. Il y restera plusieurs jours sans manger ni boire, sauf si quelque femme compatissante lui apporte un plat. Il ne sait pas toujours pourquoi il a été arrêté et se trouve ainsi maltraité.

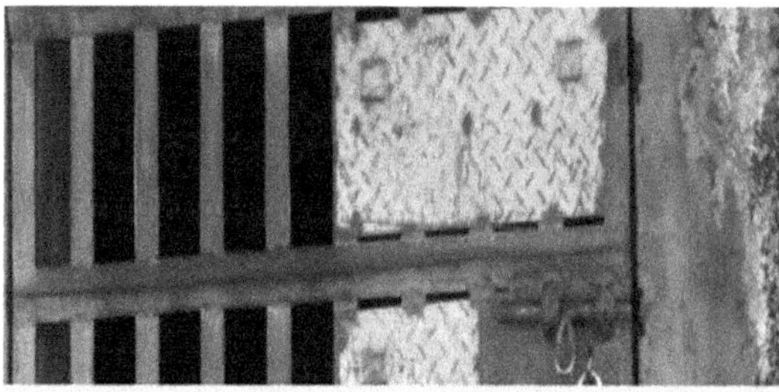

Cachot à la MACA

Ensuite, il subira un interrogatoire trop souvent injurieux et humiliant. Il sera de nouveau souvent fouetté à la cravache ou plus généralement avec un fil électrique dont l'extrémité a été dénudée pour la rendre agressive.

Certains prendront la route de la PJ où des traitements plus musclés l'attendent, voire des tortures comme celle que le jeune meurtrier (témoignage ci-dessus) a subies, jeté dans un container chauffé au soleil bouillant, puis pendu par les pouces et fouetté… avant d'être conduit au Palais de justice et de comparaître devant le Procureur. Muni d'un mandat de dépôt il arrivera à la prison où, logé avec les prévenus entassés dans une grande salle, de 30 à 100, il devra se faufiler pour se faire une petite place au sol et surtout se faire admettre.

Maison d'Arrêt et de correction d'Abidjan

MACA

C'est alors que commence l'aventure qui va progressivement buriner sa personnalité sur le modèle des plus durs et bien souvent l'anéantir, car il aura constamment à se dénaturer pour se plier aux caprices des plus forts. Des restrictions sévères atteignent sa santé : manque de sommeil, de nourriture avec un repas par jour qui consiste en un bol d'igname, de riz ou de boule de mil (au Tchad) qui est rarement humecté de sauce, manque d'hygiène, fièvres, rhumatismes, maladies de peau, etc. La lutte pour survivre devient son unique souci et il est prêt à tout pour gagner une petite portion de nourriture.

Il va devoir apprendre les lois de cette nouvelle microsociété que représente la maison d'arrêt et de correction. En effet, contrairement aux maisons de détention des pays occidentaux, le personnel carcéral n'entre pas à l'intérieur, sauf en cas de rumeurs d'émeute. Les détenus s'autogèrent, et c'est la loi du plus fort et des anciens qui prévaut. Toute une hiérarchie de chefs de cellule, de cour, et de bâtiment, est à respecter scrupuleusement : tu dois parfois payer à tous les échelons pour obtenir une petite faveur. Si tu n'as pas d'argent, tu te vends soit par des corvées opérées pour le chef, soit en te prostituant : c'est particulièrement le cas des jeunes qui se mettent sous la protection d'un « grand »et deviennent leurs esclaves. Comme dans la société, les phénomènes d'ostracisme, de stigmatisation des minorités, et de bandes ennemies se reproduisent dans cet espace clos.

Cependant je constate que le fait de ne pas être enfermés à clé dans une cellule comme en Occident donne l'avantage de pouvoir un peu circuler, et de maintenir un certain esprit communautaire si fort en Afrique. C'est possible, surtout dans les grandes prisons comme la MACA. Ainsi peut s'étaler un petit marché avec des produits reçus des familles, ou surgir des petits magasins d'artisans dans quelque recoin ou même un petit bar animé. La créativité étant au pouvoir, toute une vie sociale peut se reconstituer en miniature, faisant ressortir évidemment encore plus les différences entre les riches et les pauvres, les jeux de pouvoir ainsi que la débrouille.

Mais je dois dire aussi que j'ai été souvent témoin de magnifiques gestes de solidarité et de compassion entre les détenus, comme aider son copain handicapé à faire sa toilette, le prendre en charge complètement ou se priver de sa petite portion pour partager avec celui que les autres ont frustré dans la distribution alimentaire.

Dans les prisons de ville plus petites comme celle de Korhogo au nord du pays, dont l'effectif était environ de 350 détenus, la possibilité de circulation est beaucoup plus étroite, et le privilège à obtenir sera une petite place à l'ombre, le dos au mur de la cour.

Pour initier un programme de justice réparatrice à l'intérieur d'une maison de détention, il est important de saisir le milieu et repérer où sont les forces vives avec lesquelles il faudra composer : les leaders qui pourront servir d'interprètes et de promoteurs du projet.

On comprend, à travers ce parcours de la souffrance, tous les défis que la personne en détention aura à relever pour retrouver sa place de citoyen responsable.

- ***Défis et attentes de l'offenseur***

L'infracteur a besoin de comprendre que sa tendance à la criminalité est à la fois une affaire d'impuissance et de puissance. Qu'est-ce qui a provoqué son sentiment d'impuissance et son manque d'amour-propre ? Est-ce ce sentiment, ce manque, qui lui a fait commettre des crimes de rage, de brutalité et de surcompensation ? Ou bien s'est-il laissé séduire par la publicité de la puissance, la gloire de l'argent, ou la possession de l'autre que lui présentent les films et les modèles de son environnement ? Il est possible que ses propres besoins aient été étouffés et négligés pour qu'il en arrive à chercher à rééquilibrer la balance pour survivre. Il lui faudra pouvoir l'exprimer.

Un objectif de la justice restauratrice mis en valeur par l'un de ses promoteurs aux USA, H. Zerh, est de permettre aux infracteurs de se retrouver « en développant un sens de l'autonomie qui ne repose pas sur le besoin d'écraser l'autre ».

La fréquentation des prisonniers m'a appris combien les offenseurs ont besoin d'être reconnus par leur nom et leur histoire personnelle, ce qui veut dire d'être écoutés avec compassion et respect. Certes, ils attendent qu'on les aide souvent matériellement parce qu'ils ont faim et sont couverts de maladies de la peau ou fiévreux, mais plus encore qu'on les considère comme des personnes capables d'être utiles aux autres, et prêts à retrouver une vie normale en société.

Lorsqu'ils peuvent saisir qu'ils ne sont pas identifiés à leur crime, qu'ils ne sont pas d'éternels criminels mais que leur statut est ailleurs, ils ont aussi besoin de se comprendre eux-mêmes, de voir pourquoi ils en sont venus à se déformer ainsi.

Leurs sentiments ne sont pas complètement figés. Ils souffrent de la solitude, de ne pouvoir parler à personne parce que, si je parle, je risque de me compromettre aux yeux des autres ou d'être encore plus brimé. Le mutisme est de règle. Ils aspirent à retrouver les membres de leur famille sans se douter souvent que les uns les attendent encore ou que d'autres les rejettent. Ils idéalisent beaucoup, recevant peu de nouvelles sures de l'extérieur. Ils ont hâte de trouver une communauté qui les accepte.

Beaucoup de personnes coupables de crimes sont toxicomanes et ont agi sous la domination d'un stupéfiant, la notion d'intention est remise en question : ils se sentent injustement condamnés à cause du halo de demi-conscience qui enveloppait leurs actes. Pour en arriver au réveil de leurs valeurs et à l'acceptation de la vérité, il leur faudra sortir du déni dans lequel trop souvent ils s'enferment pour se protéger. Ils devront briser eux-mêmes les barreaux de la prison intérieure qu'ils se sont fabriquée, en croyant ainsi montrer le visage d'une personne normale et correcte. Ils auront donc besoin d'entendre des personnes qui savent de quoi ils parlent, des victimes qui diront leurs souffrances analogues à celles qu'ils ont provoquées et les blessures dont ils sont les auteurs.

S'ils perçoivent que la proposition de rencontrer des victimes peut les libérer au moins psychologiquement, l'expérience leur demandera de dépasser leurs appréhensions et d'oser sauter le mur de la honte. De nombreuses questions les habitent : qu'est-ce que vont dire les victimes ? Est-ce que c'est vrai ce qu'elles ont dit dans leur plainte ? Est-ce qu'elles nous en veulent encore ? Vont-elles nous croire ou nous rejeter ? Comment me présenter ? etc.

Les organisateurs devront donc tout faire pour favoriser la confiance. Le choix du lieu qu'il faudra trouver tranquille, à l'abri des regards des autres détenus, et l'accueil sans jugement au premier entretien individuel, sont importants. La confidentialité est une règle d'or à présenter en premier pour rassurer victimes et offenseurs. C'est aussi une connaissance préalable et un entraînement mutuel qui y contribuera à travers la longue formation qui est proposée en deuxième partie de cet ouvrage et qui achemine aux rencontres proprement dites.

3. Les facilitateurs du dialogue

Les personnes-ressources représentant la communauté

La présence de personnes « neutres », c'est-à-dire sans parti pris, représentant la communauté, est un élément important de la justice réparatrice. Cela se comprend par le fait qu'un crime a souvent un fort impact sur l'environnement social de la victime. Qu'un vol ait lieu dans un immeuble, ce sont tous les voisins qui s'en émeuvent et vivent dans la peur .Dans le cercle de médiation familiale ou villageoise, ces personnes sont choisies dans l'entourage immédiat de la victime et de l'offenseur, comme des soutiens affectifs, mais le risque est qu'elles interfèrent trop dans le dialogue, et se substituent aux acteurs directement concernés par le crime. Dans les Rencontres Détenus Victimes, ce sont des bénévoles de la société civile qui se proposent. Elles ne connaissent pas les principaux acteurs. Elles reçoivent une formation préalable et s'engagent comme tous les participants à respecter la confidentialité. Leur rôle est précieux et souvent silencieux pendant les rencontres pour laisser les interactions entre victimes et agresseurs se dérouler mais leur présence est indispensable.

Attentives aux personnes, dans l'impartialité, elles veillent à les mettre en confiance et à favoriser leur expression si nécessaire. Leur présence révèle l'intérêt de la société pour chacune d'elles, comme un appel pour elles à y retrouver leur place Elles peuvent aussi seconder les animateurs, parce qu'elles sont plus libres pour observer les interactions et les mémoriser. Mais elles se font extrêmement discrètes, et offrent leur écoute dans les temps de pause. Indirectement elles peuvent ainsi éventuellement faire l'apprentissage de l'animation en observant le médiateur sans le remplacer dans l'immédiat, mais peut-être dans l'avenir, après avoir plus tard reçu la formation spécifique préalable

Le programme terminé, elles pourront aider à la réinsertion sociale et à la réalisation de la réparation éventuellement, à cause des liens de sympathie qui se seront créés au cours des séances.

Ainsi les ROV (rencontres entre offenseurs et victimes) que nous avons pu réaliser en milieu ouvert, a bénéficié de l'appui des responsables de groupes locaux et des personnalités significatives de Duékoué, petite ville de l'Ouest de la Côte d'Ivoire : ceux-ci étaient dix-huit à participer à l'élaboration des activités et à leur animation. Ils ont reçu pour cela une petite formation préalable. Ils ont été des relais indispensables auprès des participants mais aussi auprès des autorités administratives et de la population en général pour faire accepter le programme.

Les animateurs-médiateurs du RDV ou ROV

Rod Carter[20] en parlant des animateurs s'exprime ainsi :

> *« La justice réparatrice est un processus qui nécessite un leadership de la part de personnes douées en la matière, qui ont été formées au concept de la résolution pacifique et à l'amiable des conflits. Les leaders qui possèdent les qualités requises ont acquis de solides convictions concernant la résolution à l'amiable des conflits, car ils ont appliqué ces principes à leur propre vécu.*
>
> *Nous avons tous été victimes et nous devons admettre que nous avons également offensé les autres. Ce n'est qu'en acceptant ces faits que nous pourrons devenir un leader. Nous recommandons fortement que les futurs leaders prennent part à une séance en face à face, à titre de victime ou de délinquant, avant de s'employer à diriger un groupe... Ces leaders ne se présentent pas avec un programme qui leur est propre, pas plus qu'ils n'offrent au groupe de réponses préconçues. Ils disposent d'outils pour aider les participants à comprendre et à exprimer les sentiments qui les habitent et qui sont associés aux événements qui se sont produits. Les leaders compétents, du fait qu'ils doivent atteindre un degré de satisfaction qui est à la fois équitable et réparateur pour les participants, sont extrêmement essentiels au processus de justice réparatrice. »*

Ces personnes ont donc reçu une formation spécifique. Leur bagage professionnel peut être un atout important tel que criminologue, psychologue, pédagogue d'adultes. Certains avocats ou magistrats

---

[20]CARTER Rod, *Petit manuel de justice réparatrice*, SCC Canada, 2017.

peuvent s'y intéresser, mais à la condition de perdre leurs réflexes professionnels centrés sur la culpabilité de l'accusé, ou la prise de parole pour un autre dans le cas de l'avocat. Leur rôle, me semble-t-il, est davantage, dans l'exercice de leur fonction, d'orienter vers un processus de médiation et de référer à l'organisme de justice réparatrice agréé pour cela par le Ministère de la Justice.

Il est souhaitable que les animateurs soient deux par groupe. Ou bien ils se partagent l'animation principale des temps de rencontres, ou bien ils se complètent tout au long du déroulement, l'un étant principal et l'autre second.

Les animateurs ont un grand rôle pour l'accueil des candidats, l'écoute au cours des entretiens individuels et l'attention à chacun. Ils ouvrent clairement les séances et favorisent l'expression tout en régulant la circulation de la parole. Ils ne sont pas des arbitres, ni des conseillers, et n'exercent pas la fonction de psychothérapeute, ni de juge : ils ne portent pas de jugement.

Puisque le changement possible des personnes vient de l'interaction entre elles, ils parlent peu. Comme tout animateur de groupe, le médiateur pourra ressaisir telle ou telle parole de participant, et faire des liens pour faire avancer le dialogue.

Il anime le dialogue sans imposer son point de vue et veille à ce que l'échange du groupe ne dévie pas en conversation de salon, mais maintienne le cap sur l'objectif de la rencontre

L'animateur-médiateur principal est responsable du programme dans son ensemble. Il gère l'organisation des rencontres, le déroulement et le débriefing après les rencontres. Il en fera pour lui la relecture afin d'établir une progression du programme d'une séance à l'autre.

Dans le cas des deux expériences menées en Côte d'Ivoire, les animateurs étaient aussi les leaders de la formation préparatoire aux rencontres. Ils se faisaient aider pour la réflexion en petits groupes de travail par les personnes-ressources de la communauté, mais il leur serait aussi possible d'avoir recours à d'autres pédagogues supplémentaires pour tel ou tel sujet. Évidemment ils sont, comme les autres participants, tenus à la confidentialité.

S'ils ont à rendre compte à l'administration pénitentiaire c'est en matière d'organisation, de personnel engagé comme auxiliaire, et de propositions faites par eux aux personnes incarcérées. Ils doivent communiquer les noms des participants, mais non le contenu du dialogue et des situations. Ils feront un rapport le plus précis possible des résultats globaux, s'ils peuvent les évaluer scientifiquement après, par des entretiens garantis eux aussi par l'anonymat.

Même si a priori, il est entendu que l'engagement au RDV n'implique pas une modification à la peine administrée il se peut que le Juge d'Application des peines (JAP), averti que la participation de condamnés au RDV a été satisfaisante, ait tout intérêt à prendre acte des changements dont ceux-ci font preuve à la suite du programme. Très souvent ils seront étonnés de leur transformation et en tireront les conséquences.

Les responsables ont à rédiger pour les autorités et les financeurs un rapport d'activités précis.

- ***Une structure-cadre spécialisée, en lien avec la Justice***

Pour garantir la confidentialité qui permet l'expression libre des participants et en même temps pour garantir la qualité des médiations communautaires que sont les RDV/ROV, il semble important que les animateurs relèvent d'une ONG spécifique de justice réparatrice tel que l'est au Québec le *Centre de Services de Justice Réparatrice* de Montréal ou en Côte d'Ivoire l'association *Renaître*.

Cette structure serait agréée par le Ministère de la Justice et travaillerait en partenariat avec lui. Il serait normal en Afrique que les animateurs de justice réparatrice soient rémunérés sur présentation de budget prévisionnel précis du projet et au prorata de leur implication.

Telles que se présentent les situations financières de beaucoup de pays, la structure locale responsable de la justice réparatrice et agréée par le Ministère de la Justice sera souvent dans la nécessité de faire appel à l'aide d'ONG internationales. Celles-ci, soucieuses d'aider à la stabilité sociale d'une nation, auront un point d'impact certain en assurant une partie du fonctionnement de la structure ainsi que les activités de formation et autres frais du projet : trajets, nourriture, location de mobilier, petites indemnités pour les personnes de la communauté qui investissent du temps, et rémunération pour les intervenants.

C'est ainsi que deux projets ont pu être réalisés en Côte d'Ivoire. Un rapport d'activités rigoureux a été fait aux financeurs et aux autorités locales.

Enfin il est à souhaiter, pour l'extension de la justice réparatrice et pour la sensibilisation du grand public, que la mesure juridique qu'elle représente soit intégrée à la politique judiciaire et donc à la législation du pays.

CHAPITRE III

LA PRÉPARATION DE LA RÉALISATION DES RENCONTRES ENTRE OFFENSEURS ET VICTIMES

Rappelons que l'élaboration du programme de justice réparatrice, comme médiation communautaire entre offenseurs et victimes qui fait l'objet de ce guide, s'appuie sur l'expérience de deux projets en Afrique faisant suite à celle du Québec, tout en prenant un caractère particulier en fonction de la culture de la Côte d'Ivoire plus précisément.

Chaque projet comportait trois temps : un temps de préparation des personnes intéressées à rencontrer la partie adverse, par une formation hebdomadaire de dix modules, un temps d'entretiens individuels pour tester la capacité des candidats et en faire la sélection, et enfin une session de sept rencontres hebdomadaires entre offenseurs et victimes.

Le premier projet fut donc réalisé en détention entre 2012 et 2014 dans le cadre de la grande Maison d'Arrêt et de Correction d'Abidjan (MACA)

La formation fut proposée, sur une base volontaire, à 100 condamnés à de longues peines, détenus au bâtiment C, appelé bâtiment des « blindés » en raison de son régime strict. Elle fut offerte parallèlement, dans un lieu spécial, à une trentaine de victimes de crimes importants, semblables aux chefs d'accusation des détenus sélectionnés (braquage, vol par effraction, viols, victimes secondaires de meurtres, etc.). Tandis que la formation préparatoire se donnait à la MACA pour les détenus, la formation des victimes avait lieu dans un local de l'ANAP (*Association Nationale d'Aide aux Prisonniers*) à Yopougon, le *Centre Maximilien Kolbe*.

Les victimes furent recrutées de bouche à oreille dans un quartier où la guerre civile avait fortement meurtri la population.

Le deuxième temps fut un temps de sélection par entretien individuel d'une heure environ. Il permettait de sélectionner les candidats et de s'assurer de leur volontariat et capacité à vivre le dialogue.

Enfin le troisième temps du processus comprit sept rencontres effectives entre 24 agresseurs et 24 victimes, répartis en six petits groupes de 12 personnes (quatre victimes, quatre agresseurs, deux personnes de la communauté et deux médiateurs)

La mise en œuvre de ce type de programme suppose donc une série de préalables. Cette préparation peut se faire différemment selon les cultures et les pays. Pour la Côte d'Ivoire, elle s'est déroulée ainsi en douze étapes.

1. Les onze étapes préalables au RDV/ROV

1. La première étape est l'établissement d'un projet détaillé et chiffré pour faire une demande de financement, l'attente de la réponse et l'échange avec les responsables des organismes financeurs entraînant parfois des modifications. Il s'agissait de prévoir non seulement les indemnités des animateurs principaux et de la psychologue, mais aussi celles des personnes de la communauté et frais de transport, car la MACA est éloignée de la ville, et à Duékoué plusieurs participants venaient des villages. Dans les frais de fonctionnement, il s'agissait de ne rien oublier, et notamment la nourriture fort importante pour tous les participants à la pause des rencontres.

2. Les préalables administratifs

Auprès de la Direction Nationale des Affaires Pénitentiaires, il fallait obtenir l'accord global du projet et par la suite l'autorisation d'entrer à la prison pour chaque personne de l'extérieur. À Duékoué, il en était autrement, mais une visite à la Sous-Préfecture, et aux autorités locales a permis d'obtenir leur soutien moral et effectif.

3. La prévision de la logistique : local, mobilier, matériel pédagogique, collations

Pour le projet concernant les détenus de la MACA à Abidjan, nous avons prévu de former un grand nombre pour pouvoir obtenir un effectif suffisant de personnes désireuses de rencontrer des victimes et répondant aux critères fixés. Il s'agissait de trouver un local assez grand pour faire la formation de 100 détenus environ. Nous avons demandé la salle d'alphabétisation construite par l'ONG *Prisonniers sans frontières*, dans un bâtiment spécial de la prison. Mais il fallait obtenir que les ateliers voisins cessent leur activité aux heures prévues pour garantir un certain calme. Certes, des détenus curieux passaient derrière les grilles de sécurité et regardaient de loin, mais cela ne gênait pas trop la formation.

Ensuite, pour les rencontres proprement dites avec les victimes, le fond d'un large couloir, proche des petites cases des parloirs de visite, non loin de la porte d'entrée et des comptoirs de sécurité a pu accueillir chaque fois le petit groupe de 12 à 13 personnes du RDV. L'atmosphère était un peu glauque mais convenable.

De plus, il nous fallait obtenir l'autorisation d'entrer de la nourriture ou de trouver un moyen d'avoir des sandwichs pour la pause. La bienveillance de la direction nous l'a permis les jours où la petite boutique alimentaire des femmes ne pouvait en assurer la préparation. Comme on le devine, cette distribution de nourriture était un atout important pour assurer la fidélité des détenus à la formation. Par la suite, quand vint le temps des rencontres avec les victimes, un partage est devenu un symbole fort de vie sociale. Puisque les cellules de la prison n'ont pour ainsi dire pas de meubles, il nous a fallu à chaque fois louer des chaises à proximité de la prison, les faire entrer et sortir sous contrôle et les installer à chaque séance. Tout un dispositif à organiser.

Pour le projet réalisé hors d'un établissement de détention, nous avons pu louer à prix modique quelques locaux de la Mission catholique de Duékoué et la possibilité de nous détendre dans les cours adjacentes. Le mobilier était suffisant. Les repas étaient assurés par une personne de la ville, moyennant finances. Les animateurs ont pu y être logés.

4. Un temps d'information :

Pour Abidjan, la recherche des victimes pour les informer du projet se fit de bouche à oreille.

Du côté offenseurs, la communication fut faite à la MACA aux détenus « longue sentence » du bâtiment C par l'intermédiaire du chef du bâtiment et les nombreux contacts informels des visites précédentes à la prison. Pour Duékoué ce furent les leaders de groupes locaux de la ville qui se chargèrent de l'information, notamment auprès des offenseurs, par l'intermédiaire du chef des anciens combattants qui se montra très intéressé par notre proposition.

5. Le recrutement des personnes de la communauté

Ce sont souvent des personnes intéressées à devenir acteurs de la formation et de l'animation des rencontres entre victimes et agresseurs : pour la MACA ce furent surtout une psychologue et des étudiants de criminologie, membres de l'association ANAP, et pour Duékoué, les leaders des groupes locaux.

6. La formation intensive des personnes de la communauté :

En Abidjan, une session intensive de trois jours a réuni une trentaine d'étudiants de criminologie intéressés par la justice réparatrice et dont une vingtaine s'engageraient à participer à la formation, puis une douzaine comme représentants de la communauté dans les six sessions de rencontres RDV proprement dites.

A Duékoué, grâce à l'action efficace du coordonnateur, l'imam du lieu, une première rencontre d'information put avoir lieu avec des représentants de chaque groupe actif de la commune : jeunes et adultes de toutes sortes d'associations civiles et religieuses, hommes et femmes qui souhaitaient vivement la réconciliation dans leur région tellement meurtrie par les affrontements précédents. Ils promettaient de recruter victimes et offenseurs. Deux mois plus tard, le programme débuta par deux jours de formation intensive pour ces leaders eux-mêmes.

Cette formation pro active faite d'exposés et d'apprentissage, était surtout centrée sur l'esprit de la justice réparatrice, les caractéristiques de la communication et du règlement de conflit, la présentation de la formation à donner aux victimes et aux détenus, et leur rôle dans l'animation des petits groupes pour laquelle on les sollicitait. Naturellement ce fut le lieu de donner toutes les consignes d'accueil des personnes, d'écoute, de non-jugement et non conseil, de confidentialité, et de relecture des séances.

7. Une formation parallèle des victimes et des agresseurs

Celle-ci était répartie en huit modules, étalée sur deux mois en Abidjan, et en quelques jours à Duékoué. À la suite de cette formation, chaque participant a eu à décider de son engagement à participer aux rencontres proprement dites entre offenseurs et victimes, et à se présenter à un entretien d'évaluation préalable.

8. Des entretiens individuels avec chaque victime et chaque offenseur candidat, ont permis de s'assurer que chacun comprenait bien le projet. L'entretien durait une heure environ avec chacun. Tout en se pénétrant des besoins et situations révélés dans l'entretien individuel, les animateurs prenaient ainsi contact avec leur public. Ils testaient l'intérêt réel de chacun à suivre la formation et son aptitude à participer aux rencontres : parler français, vouloir parler de soi et écouter les autres, manifester un désir de changement, et promettre de tenir la confidentialité. Cette clause est indispensable. Les personnes sont recrutées sur une base volontaire et s'engagent par écrit à un contrat de confidentialité : cet engagement de tous permet de libérer la parole en toute sécurité.

Ces entretiens furent réalisés par l'animatrice principale (moi-même) et la psychologue associée H.Kanga. Ils permirent donc de constituer les groupes.

9. La répartition des participants

A la MACA elle se fit en six petits groupes RDV de 12 personnes : quatre victimes et quatre détenus en présence de deux personnes de la communauté et deux médiateurs. La même répartition fut adoptée à Duékoué pour un effectif moindre des ROV. Autant que faire se peut, nous avons associé victimes et agresseurs concernés par le même crime : meurtre, agression sexuelle, vols à main armée, inceste.

10. Le calendrier des rencontres a donc pu s'établir pour six rencontres RDV ou ROV une fois par semaine. Le rythme hebdomadaire permet la maturation des échanges et des émotions libérées.

11. Enfin un mois après la session de rencontres, une dernière rencontre évaluative des participants_permet de recueillir les fruits de ce cheminement progressif des groupes avec le recul du temps.

2 La préparation des participants

- ***Formation des personnes-ressources de la communauté, animateurs de petits groupes***

Pour les personnes issues de la communauté qui veulent participer aux rencontres des offenseurs et des victimes, une formation intensive est nécessaire : elle peut se faire sous forme de session de renforcement des capacités, dans le but de collaborer comme animateurs à la réflexion en petits groupes prévue dans la formation préalable des victimes et offenseurs, et de comprendre leur mode de présence au cours des rencontres proprement dites entre les uns et les autres.

La pédagogie met l'accent sur l'attitude de l'animateur, et l'aide à comprendre les participants. Quelques exposés de psychologie concernant ceux-ci et l'information sur le contenu des séances de formation permettent à chacun de situer son rôle. Cette présentation est complétée par la pratique de l'écoute. La théorie sera donc équilibrée par la pratique. (*cf. II° Partie p. 185 Le déroulement de la session des leaders de groupes à Duékoué.)*

- ***Formation des victimes & offenseurs en deux groupes distincts***

La situation des participants de Côte d'Ivoire m'a provoquée à prévoir une longue formation préparatoire aux rencontres proprement dites du RDV. Celle-ci s'est avérée très utile, non seulement en préalable aux rencontres de justice réparatrice, mais je l'ai utilisée aussi dans d'autres activités en dehors du programme pour des formations données, à d'autres publics tels que les jeunes « Mineurs majeurs » détenus à la prison d'Abidjan en 2015, ou en France des personnes sortant de prison dans le cadre d'une activité de réinsertion (2018).

La formation proposée sous forme de fiches dans la deuxième partie de cet ouvrage se veut être la plus active possible, ouvrant sans cesse au dialogue, ou à l'expression personnelle, corporelle ou manuelle. Une alternance de travail en grand groupe et d'échange en petits groupes permet aux adultes qui n'ont pas été à l'école, ou l'ont quittée depuis longtemps, de devenir acteurs de leur formation de façon la plus attrayante possible. L'emploi de vidéos, dans la mesure où on a l'équipement audiovisuel et la possibilité de projeter à l'intérieur de la prison, peut être un apport important pour stimuler la réflexion et ouvrir des pistes nouvelles.

Les fiches pédagogiques de la II° partie de cet ouvrage présentent donc le programme de cette formation qui se déroule en huit modules, mais il importe d'en présenter déjà le déroulement et d'en justifier le contenu.

1er module. Un temps de connaissance de soi

En effet, pour être en mesure de profiter des RDV, il est nécessaire de faire un chemin psychologique dans la connaissance de soi et celle de l'autre. Dans une culture dont la valeur prioritaire est l'appartenance à un groupe, la personne-individu, avec ses propres émotions, son histoire, sa réflexion originale, est souvent engloutie par l'environnement collectif, et liée par la nécessité ou la tendance à réagir comme les autres, selon les réactions de son groupe familial ou ethnique. La responsabilité personnelle disparaît souvent sous la couverture de normes sociales. Or si l'on veut aider quelqu'un à un changement de vie, à la prise en charge de sa propre condition, et à faire des choix par lui-même, il est nécessaire de lui apprendre à se connaître lui-même.

Partant de son identité sociale, son enracinement dans une ethnie, un village ou un quartier, une grande famille aux coutumes caractérisées, la personne va prendre conscience de l'héritage reçu, l'objectivera, en sera fière généralement, mais touchera peut-être aussi à des traits plus négatifs de ce qu'elle a dû subir de son groupe. Prenant un peu de distance par rapport à son milieu, elle sera capable de s'en distinguer éventuellement, et en même temps de comprendre quelles ont été les pierres de fondation de son édifice psychologique. Elle pourra choisir par elle-même d'adhérer aux valeurs qu'elle admire dans sa culture, et celles qu'elle aimerait transmettre à ses enfants, par exemple, le respect, le sens de la famille, la solidarité ethnique, l'énergie au travail, etc.

En même temps, faisant une relecture de son histoire, la personne pourra toucher aux blessures subies dans sa petite enfance ou son adolescence, et comprendre pourquoi « elle a toujours été la femme soumise incapable de dire « non », ou encore « la mauvaise herbe » qui réagit souvent avec agressivité sans comprendre pourquoi. De proche en proche, le fait de pouvoir en parler en petit groupe, sous le sceau de la confidentialité sera déjà un pas vers le mieux-être.

Puis aidée par quelques notions de base sur la psychologie, la personne fera le repérage de notions jusque-là ignorées peut-être correspondant à instinct animal, émotion, sentiment, pensée, esprit et âme, perception sensorielle et automatisme, imaginaire et volonté, réflexion et discernement, etc. Toutes ces nuances de la personnalité entrent en jeu dans la description de notre identité corporelle, notre identité d'exécutant, notre identité relationnelle et sexuée, ainsi que dans notre identité sociale, notre comportement en groupe et dans la société. Par exemple, il est très utile pour un criminel de remarquer qu'il agit de la même manière dans la façon d'organiser sa cellule, de faire un plat, de jouer au foot ou de faire un coup. Comme toute personne, il n'est pas une marionnette mais a un style propre d'action : est-il esclave de ses pulsions immédiates, de violence incontrôlée, ou est-il minutieux dans la préméditation d'une opération longtemps calculée ? Peu à peu il s'apercevra souvent qu'il n'a jamais eu de comportement personnel, mais a toujours été un individu-instrument. Une possibilité de changement s'ouvre à ses yeux, et la parole des victimes lui fera comprendre un peu plus l'intérêt qu'il aura à contrôler lui-même sa vie et les conséquences bénéfiques qui en résulteront.

Pour la mise en œuvre de ce module, *voir fiche pédagogique N° 1 « Qui suis-je ?p.201*

2ème module. Pourquoi la loi ? Droits et devoirs

Un deuxième temps visera à permettre aux participants de RDV de comprendre ce qu'est une infraction à la loi et pourquoi elle est sanctionnée. Il s'agit de permettre une intériorisation de la loi pour qu'elle cesse de se présenter comme un couperet à éviter, à contourner ou à subir.

La séance s'ouvre par l'exercice d'un jeu de puzzle en petites équipes avec concours de rapidité entre les groupes : chaque puzzle reconstitué présente une image symbolique de la vie ensemble ou de la paix. Après avoir réussi à la retrouver, chaque petit groupe aura à la présenter aux autres en disant ce que cet exercice a exigé d'eux en attention aux formes différentes et apparentées des éléments du jeu, concession mutuelle, organisation, etc.. De cet exercice, le formateur fera remarquer qu'il s'agissait d'associer des morceaux très différents, de les ajuster pour obtenir un résultat d'ensemble qui signifie quelque chose. Ainsi le vivre ensemble exige que des personnes très différentes s'ajustent pour un bien commun. Et qui détermine ce bien commun normalement ? C'est la règle du jeu ou la réglementation d'une institution. En élargissant à l'échelle d'une nation on comprend que les lois sont nécessaires pour le bien de tous et l'harmonie du groupe.

De là on présente *la Déclaration Universelle des Droits de l'Homme* notamment les premiers articles et on laisse aux participants le soin de voir si ces droits sont respectés pour eux, autour d'eux et dans le monde. Pourquoi certains n'observent-ils pas la loi. ? À chaque droit correspond un devoir. Ainsi une infraction à la loi lèse d'autres personnes. Les victimes le comprennent bien, elles dont certains droits importants ont été bafoués et elles seront en mesure de mieux parler d'elles aux offenseurs qui peut-être en seront restés à une réflexion intellectuelle. Ainsi est mise en place la raison d'être de la Justice comme institution dans un pays et chacun aura à contrôler lui-même sa vie et les conséquences bénéfiques qui en résulteront.

Pour la mise en œuvre de ce module, *voir fiche pédagogique N° 2 « Pourquoi la loi ? Droits et devoirs » p.209*

3ème module. La gestion des conflits

Le non-respect de l'autre provoque souvent un conflit. En général, le conflit est une expérience fréquente dans l'existence des victimes et des offenseurs comme de tout le monde d'ailleurs. Avec eux, en les aidant à relire ce qu'ils connaissent, on fera une analyse du conflit en cherchant les antécédents lointains, les causes, l'apport nuisible de l'entourage qui vient souvent amplifier les tensions et augmenter les dommages. Ainsi, se rendre compte de tout ce qui provoque le conflit et ce qui l'envenime est important et nécessaire pour tenter de retrouver la paix.

C'est alors que sont données dans la formation les différentes attitudes possibles face au conflit, rendues sous forme de sketches ou de récits : domination d'une partie sur l'autre, repli et évitement, coopération-collaboration, compromis, soumission-accommodement pour que chaque personne puisse situer sa manière habituelle d'agir.

Le groupe est alors invité à réagir par rapport aux sketches et à proposer des solutions. À partir d'un fait réel si possible, raconté par un participant, un groupe est invité à mimer une « palabre » réussie dans un village, ou un règlement de conflits entre voisins dans un quartier urbain. Cette séance de jeux de rôles est souvent fort appréciée. Quelques avis de participants

Un détenu de la MACA a raconté comment il avait réglé, la semaine précédente, un conflit qui avait surgi violemment dans sa cellule. Il a fait asseoir les adversaires, les a écoutés et a cherché avec eux une solution. Les autres ont compris que c'était donc possible de le faire dans le calme et le respect de chacun. Un participant de Duékoué raconte à son tour :

> *« J'ai séparé une dispute entre des petites filles d'à peine 13 ans qui se bagarraient pour un garçon. Elles se battaient devant un maquis, et la dame a dit de quitter de devant son maquis pour aller faire leur dispute ailleurs. Ça m'a choqué, et je lui ai dit : « Vous êtes une mère de famille et vous ne devez pas agir ainsi : vous devez trouver une solution jusqu'à ce qu'elles se séparent ». Ensuite je les ai prises de côté, et une a dit : « C'est ta chance que le tonton est venu nous séparer, sinon j'allais t'écraser. Je me suis senti respecté». (E à Duékoué)*

Pour la mise en œuvre de ce module, *voir fiche pédagogique N° 3 « La gestion des conflits ». p.215*

4ème module. Violence et non-violence

Dans la continuité de la séance précédente, on élargit la question à celle de la violence et de la non-violence. Après avoir dé-diabolisé la violence en la présentant d'abord comme expression de l'énergie vitale, ou comme défense de survie contre une frustration, ou encore l'effet d'une addiction à l'alcool ou à la drogue, ou d'autre pulsion instinctive, on rappelle la séance de la connaissance de soi et l'on cherche comment cette énergie excessive peut être contrôlée ou mieux orientée vers la vie ou la lutte pour la justice ou autre valeur humaine.

Si on le peut la présentation de héros de la non-violence (si possible par des films) tels que Martin Luther King, Nelson Mandela ou Gandhi ou d'autres plus proches connus des participants, contribue à ouvrir à la recherche de réconciliation, du moins à acquérir la conviction qu'elle est possible. C'est un temps fort de la formation et reste dans les mémoires.

On peut présenter le croquis de la célèbre main de Gandhi figurant les cinq doigts de la non-violence présentée avec ses **cinq** « non » bien connus : non à l'abus de la drogue et de l'alcool, non à l'hostilité entre groupes religieux, non à l'inégalité des femmes, non aux discriminations, non à la dépendance économique.

A Duékoué, la semaine suivant ce module, D. (offenseur) raconte :

> *« Chez moi, tout a changé. Hier on a attrapé un monsieur qu'on voulait faire frapper par les jeunes pour sorcellerie. Moi, j'ai demandé à ce qu'on passe par le dialogue. Et le chef de famille, après, est venu me dire : « D'habitude, quand on dit de gâter pour gâter, vous gâtez. Pourquoi aujourd'hui, toi, tu as demandé le dialogue. Je lui ai dit : ' On prend de l'âge maintenant, il faut être sage '. Il m'a félicité, il était content de moi. »*

Pour la mise en œuvre de ce module, *voir fiche pédagogique N° 4 « Violence et non-violence », p.223*

5ème module Pour communiquer en paix : apprendre à parler de soi

Si on veut guérir de ses blessures il faut être capable d'en parler. En mettant des mots sur la souffrance, on l'objective, c'est-à-dire on la met devant soi comme une chose à considérer, pour prendre progressivement de la distance par rapport à cette chose, aux faits qui ont fait souffrir. On s'achemine doucement vers la libération que le ROV ou le RDV permettra.

En préalable, on prendra ensemble conscience du poids de la parole, en faisant mémoire de paroles entendues : certaines ont blessé, tué quelque chose en nous ou autour de nous, d'autres paroles, au contraire, ont fait revivre ou redonné confiance. Chacun se rappellera et pourra exprimer une de ces paroles, s'il le veut.

On verra ensuite comment le corps sans parole parle pourtant. Des exercices amusants permettront de se rendre compte que le corps, les mains, le visage parlent souvent encore plus fort que les mots prononcés. Par exemple, quelques participants reçoivent un petit papier portant le nom d'une émotion qu'ils devront faire deviner au grand groupe (peur, méfiance, enthousiasme, attention, etc.).

Ensuite, on fera l'apprentissage de l'expression de soi par la parole[21]. Pour ne pas provoquer le conflit, on apprendra à distinguer évaluation et observation, car certaines façons de parler sont des jugements de valeur qui, souvent inconsciemment, sont des flèches empoisonnées provoquant immédiatement la riposte de l'autre. Complétant cette séance on s'exercera à écouter en vérité, car trop souvent dans la vie quotidienne, on entend sans écouter.

Pour la mise en œuvre de ce module, *voir fiche pédagogique N° 5 « Pour communiquer en paix, apprendre à parler de soi ».p.231*

---

[21] La méthode ici s'inspire largement du petit ouvrage de MARSHALL ROSENBERG, intitulé « *La communication non violente au quotidien*, éd. Jouvence.

6ème module : Pour communiquer en paix, savoir écouter

Il y a une façon de recevoir l'expression de l'autre qui est refus, opposition ou frein, surtout si l'autre exprime quelque chose qui lui tient à cœur et a l'impression de se heurter à un mur. Ce module donne quelques principes et même des techniques de l'écoute qui favorisent l'expression de l'autre. Les participants seront invités à les mettre en œuvre dans des exercices d'écoute en triade : soit trois personnes. Un parlant, un écoutant et un observateur se disposent en triangle. L'écoutant s'efforce de s'ouvrir à ce que dit le parlant qui lui aussi essaiera de se faire comprendre au mieux, tandis que l'observateur silencieux remarquera comment se fait la communication, le rôle de l'un et de l'autre. Chacun ensuite rendra compte en grand groupe de la façon dont il a vécu l'expérience et comment il a perçu les autres. Ensuite on change de rôle, et ainsi tous peuvent s'exercer à être de bons écoutants. Cet apprentissage sera indispensable pour entrer dans le dialogue des rencontres offenseurs-victimes où on veut se dire les vraies choses, parfois avec rudesse, en tout cas avec émotion.

Pour la mise en œuvre de ce module, *voir fiche pédagogique n°6 : Pour communiquer en paix, savoir écouter.p.235*

7ème module. Sur le chemin de la réconciliation

À travers une « tempête de cerveau », les participants sont invités à dire ce que leur évoque le mot réconciliation. Le formateur pourra souligner ce qu'elle n'est pas (obligation, oubli du passé, anéantissement d'une partie) et ce qu'elle est, comme démarche personnelle de décision à dépasser une situation avec patience et autres conditions.

La découverte commune se poursuit avec une réflexion sur la réconciliation entre ennemis, à partir de récits ou d'un film court comme *« L'imam et le pasteur »*[22] qui permet une sensibilisation au règlement de conflits fréquents entre groupes religieux. Ce sont évidemment des témoignages qui permettent de s'identifier et de s'ouvrir à ce qui parfois apparaît impossible.

Quelques avis de participants :

> *« Après la rencontre de la dernière fois, ma petite sœur m'a appelée et je me suis réconciliée avec elle ; ça fait près de quatre ans. Elle m'a dit d'oublier tout ce qui s'est passé, et qu'elle viendra passer les vacances de Noël avec moi. Qu'elle m'envoie des complets de pagnes et des draps, que de les accepter. Je suis contente et j'ai accepté. Mon cœur était dur, fâché ; Mais cette fois j'ai accepté son pardon et son argent. C'est moi qui ai lavé ses habits, fait sa maison, élevé ses enfants, et elle m'avait traitée de sorcière. J'étais fâchée. Maintenant, à cause de la formation, j'ai dégagé mon cœur. Non j'ai désarmé même mon cœur. C'est pourquoi je l'ai acceptée. Je lui ai dit que je suis contente »*

Pour la mise en œuvre de ce module, *voir fiche pédagogique n °7 : Sur le chemin de la réconciliation p.243*

Après avoir éveillé ainsi le désir de participer aux rencontres avec le parti adverse, on passe à l'apprentissage de la communication qui rendra possible un vrai dialogue.

---

[22] Alan CHANNER *L'imam et le pasteur* (2006) www.iofc.org ressources-imam-pasteur Documentaire sur les relations inter religieuses et réconciliation dans un village au Nigéria.

8ème module. Qu'est-ce que la justice réparatrice ?

Ainsi préparé, le groupe peut comprendre de façon plus approfondie ce qu'est la justice réparatrice et sous quelle forme elle lui est proposée. En Afrique on connaît et apprécie « la justice sous l'arbre à palabres », mais il faudra montrer comment, fort de tout ce que chacun a découvert dans les séances de formation précédentes, il doit s'affirmer comme acteur du dialogue et garder son originalité personnelle en respectant la différence de l'autre.

Pour la mise en œuvre de ce module, *voir fiche pédagogique N°8 Qu'est-ce que la justice réparatrice ? p.251*

La session des rencontres sera présentée comme une proposition qui demande une adhésion personnelle et la régularité dans l'engagement. Personne n'y est contraint, et chacun sera libre de quitter l'expérience quand il le voudra, mais il devra être conscient que son retrait aura une répercussion sur la vie du groupe. On redira la règle d'or du respect de la confidentialité, condition indispensable pour que tous soient à l'aise pour parler. On y ajoute celle de l'anonymat : il est possible de changer de nom après en avoir averti les organisateurs pour éviter les erreurs d'identification.

On expliquera alors très concrètement les modalités des rencontres prévues : comment cela se passe, dates et lieux, disposition des sièges, collation prévue à la pause, remboursement des frais (si possible), etc. Ainsi mis en sécurité, chacun pourra faire le choix de sa réponse. Donc volontariat, anonymat et confidentialité seront des garanties pour tous, ainsi que la possibilité d'avoir recours à une aide psychologique si on en sent le besoin. Tout cela étant le plus clair possible, on demande à chaque candidat de donner aux animateurs son nom ou le surnom d'emprunt qu'il prend éventuellement pour la durée du programme.

Cependant pour les personnes de l'extérieur qui auront besoin d'entrer dans l'établissement de détention, une identification précise sera nécessaire pour obtenir l'autorisation d'entrer demandée à l'administration pénitentiaire par les organisateurs des RDV, ainsi que la présentation d'une pièce d'identité au contrôle avant chaque séance.

- ***Un entretien personnalisé de recrutement***

Le processus de préparation n'est pas encore terminé. Chaque personne inscrite, qu'elle soit du groupe des victimes ou de celui des offenseurs sera rencontrée individuellement par l'un ou l'autre animateur. Elle prendra rendez-vous pour un entretien.

Pour ma part comme animatrice, je commence par écouter longtemps le récit que veut bien me faire la personne sur l'événement du crime, son histoire, les conséquences sur sa santé, sa vie quotidienne, sur son entourage, etc. Après cela je rappelle les objectifs de la justice réparatrice : nous nous intéressons aux conséquences de l'acte et non aux causes. On ne refait pas un procès. On s'intéresse aux blessures des uns et des autres et on vise un mieux-être des personnes, une libération des charges affectives qui pèsent encore sur leur vie. J'explique comment se dérouleront les séances et je donne toutes les garanties de sécurité tant aux détenus qu'aux victimes.

Ainsi, ayant déjà une certaine connaissance des candidats pour les avoir observés pendant la formation, je vérifie s'ils remplissent toutes les conditions requises : être libre, volontaire, capable de s'exprimer dans la langue des rencontres, accepter de parler de soi.

Pour la victime, de quoi est-elle victime et quelles sont ses attentes ? Pour l'offenseur se reconnaît-il coupable au moins un peu et de quoi ? Il m'est arrivé de refuser un détenu se disant accusé à tort et innocent. Cet entretien permet de s'assurer que tout est clair : que la personne a bien compris qu'elle va rencontrer des personnes inconnues, qui a priori sont du camp opposé au sien, et ce que veut dire tenir la confidentialité.

Ensuite chacun signe un certificat de confidentialité gardé précieusement par les organisateurs, pose éventuellement ses dernières questions et reçoit les indications concrètes précises et nécessaires. Rendez-vous est pris pour la première rencontre avec son petit groupe de face à face. Ainsi s'achève la longue préparation qui conduit à la session du RDV ou ROV.

- ***Une rencontre de préparation par groupe respectif (offenseurs & victimes), si la formation n'a pas eu lieu.***

Lorsque la formation est jugée inutile parce qu'elle aurait été déjà donnée sous une autre forme, il est important de provoquer une

rencontre par catégorie de personnes, les victimes entre elles et les offenseurs entre eux avec les personnes représentant la communauté, de façon à ce que tous entendent la même chose et surtout puissent poser leurs questions concernant le programme et son déroulement. Après une présentation de chacun et de ses attentes, l'animateur rappelle les objectifs de la justice réparatrice : nous nous intéressons aux conséquences de l'acte et non aux causes ou aux critères de culpabilité. On ne refait pas un procès. On s'intéresse aux blessures des uns et des autres et on vise un mieux-être des personnes, une libération des charges affectives qui pèsent encore sur leur vie. Nous visons à retrouver l'harmonie. Le responsable du programme explique comment se dérouleront les séances et donne toutes les garanties de sécurité tant aux détenus qu'aux victimes en leur demandant de garder l'anonymat et en s'assurant qu'ils auront un support psychologique proche d'eux ou elles, entre les séances, si nécessaire, car l'intensité du dialogue peut rendre l'expérience difficile pour certains.

A cette rencontre préparatoire les détenus font connaissance et voient s'ils acceptent de cheminer ensemble. Il arrive que dans un pénitencier, des incompatibilités se révèlent : les agresseurs sexuels, par exemple, sont souvent stigmatisés par les autres. Il convient alors de faire un RDV uniquement autour du viol ou de l'inceste avec des victimes de ces crimes. Cette connaissance préalable les encourage à se révéler.

Quant aux victimes, elles font souvent pour la première fois l'expérience de pénétrer dans un pénitencier et c'est une grande émotion : les mesures de sécurité à l'entrée, les portes qui s'ouvrent et se ferment avec fracas, les groupes dans les cours, les couloirs à parcourir, bref tout un univers nouveau dont elles entendent parler négativement en général. Elles se découvrent déjà mutuellement, en entendant les autres victimes dire pour quel motif elles veulent participer, quel a été le crime subi, etc. Dans l'un et l'autre groupe, les participants font connaissance avec les animateurs et les personnes représentant la communauté en apprenant leur rôle. Les animateurs rappellent les objectifs du RDV, le cadre, les conditions de sécurité et de participation. Ils répondent à leurs questions et écoutent attentivement leurs attentes. Tout est mis en œuvre pour que naisse un climat de confiance et que physiquement, la sonorité et la disposition des sièges le facilitent. L'empathie est en effet au cœur de la démarche.

CHAPITRE IV

LE RDV PROPREMENT DIT

1. LE PROGRAMME

- **L'objectif du RDV**, rappelons-le, est d'aider les uns et les autres à se reconnaître comme des personnes humaines en faisant tomber les préjugés qui nuisent à une réconciliation possible et à une guérison personnelle. De plus le RDV veut permettre, aux auteurs de crimes, de réaliser l'impact de leurs actes en écoutant la souffrance des victimes tandis qu'il permet à celles-ci de se libérer de leur traumatisme. L'animation consiste surtout à favoriser les échanges entre victimes et agresseurs, afin qu'ils en arrivent à toucher leurs émotions et à les exprimer les uns aux autres jusqu'à l'expression libre d'une réconciliation authentique.

- **La pédagogie** met en jeu plusieurs éléments. Elle commence par dix minutes de ***relaxation*** corporelle pour apaiser et permettre de laisser aller non seulement des crispations physiques mais d'éliminer les pensées négatives pour s'ouvrir au désir de vie et à l'écoute de l'autre.

La pédagogie fait appel au ***langage symbolique*** notamment pour orienter l'échange. Le symbole parle à l'imaginaire et à l'inconscient et met à jour des émotions en suscitant un langage original et très personnel qui libère.

C'est alors ***la circulation de la parole*** qui fait l'essentiel de la dynamique du groupe. Le rôle de l'animateur est de permettre les échanges verbaux qui sont le lieu du changement opéré les uns par les autres, selon une démarche progressive vers la réconciliation. Celle-ci est célébrée à la sixième rencontre par un échange de petits cadeaux et un repas final. Bannissant les jugements de valeur, la mise en confiance est capitale. La relecture de ce que chacun a vécu personnellement est écoutée dans le respect et l'empathie du groupe. Les relations entre les participants sont favorisées au maximum pour essayer de déplier la tendance à s'enfermer dans la souffrance quand on est victime ou la honte quand on est offenseur. Tout cela contribue à la résilience des uns et des autres. De plus, ***la nourriture partagée*** est un élément capital des rencontres. À chaque séance est servie une collation (sandwich et eau glacée), occasion d'échanges informels.

Après chaque séance, victimes d'un côté et offenseurs de l'autre, ont la possibilité dans un temps d'évaluation de regarder ce qui vient de se passer. ***La relecture de la séance et des émotions ressenties en débriefing*** permet de donner sens aux échanges, de dépasser des émotions trop fortes qu'ils auraient fait surgir. Elle permet aussi de lancer la semaine qui s'ouvre dans le cas où les rencontres sont hebdomadaires. L'intérêt est soutenu par une ***petite activité*** proposée aux participants pour la semaine. Un ou deux mois après la sixième rencontre finale, une rencontre de retrouvailles et d'auto-évaluation permet de recueillir les fruits de la démarche globale et de tester son efficacité avec le recul du temps, toujours par le jeu de la relecture.

- **Le Lieu** : les séances se déroulent le plus discrètement possible dans un lieu retiré et sécuritaire de l'établissement. Avec le certificat de confidentialité signé par tous, ces mesures de discrétion facilitent ainsi la confiance et la liberté d'expression. La disposition des sièges en cercle facilite l'échange et permet à tous de voir les animateurs et réciproquement.

- **Les Participants**

Ils sont au nombre de douze environ par groupe. Rappelons qu'ils ont été sélectionnés après entretien individuel à la fin de la formation où ils ont été réguliers : ils sont donc volontaires et en mesure de participer.

Dans le projet de la MACA à Abidjan, parmi les trente victimes et les cent détenus invités à la formation préparatoire (dont quatre-vingts en moyenne ont été réguliers), vingt-quatre victimes et vingt-quatre détenus ont été retenus, soit quatre victimes et quatre détenus pour chaque groupe de RDV (Rencontre Détenus Victimes) ; deux représentants de la communauté et deux animateurs : donc six groupes de douze, appelés RDV1, RDV2, RDV3, RDV4, RDV5, RDV6.

A Duékoué, ROV, programme réalisé hors détention, en milieu ouvert, les acteurs étaient au nombre de cinquante-et-un : trois animateurs « Renaître », dix-huit animateurs locaux, leaders de communautés, quinze victimes, quinze offenseurs.

- **La durée**

Chaque RDV comprend six rencontres hebdomadaires de trois heures et plus, pendant six semaines de suite, puis une septième rencontre d'évaluation au bout de deux mois environ. Le chronogramme du projet prévoyait que les premiers RDV se succèdent. Mais le retard pris dans le programme, à cause d'événements imprévus de la prison, nous a fait décider de placer deux RDV par semaine. Le calendrier doit s'adapter aux disponibilités des personnes et des lieux. D'après notre expérience, un écart d'une semaine entre chaque séance favorise la maturation de ce qui a pu être reçu à chaque fois. Le programme du projet réalisé à

Duékoué a duré quatre mois pour les préparatifs, la formation et le ROV lui-même.

- **La disposition des sièges des participants dans le groupe.**

Au début elle est informelle selon le choix de chacun(e)

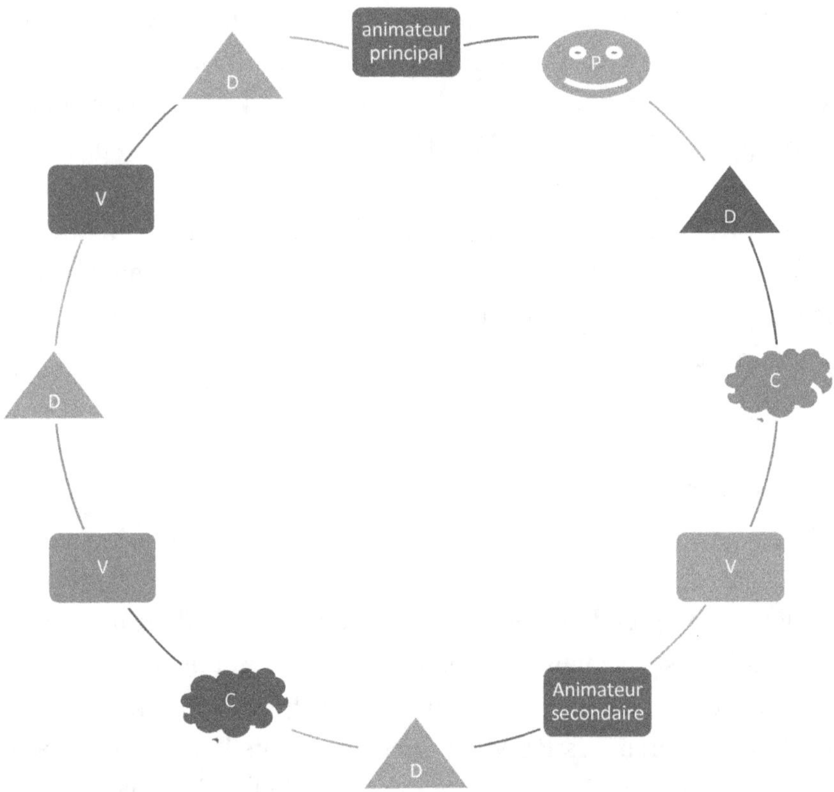

Progressivement à partir de la 2° rencontre, la disposition des participants se fera ainsi mais avec souplesse.

2. LE DEROULEMENT DES SIX RENCONTRES

1ère rencontre du ROV ou RDV

L'objectif de cette première rencontre est d'amorcer la ***constitution d'un groupe porteur*** qui se veut le lieu d'une certaine « renaissance » : un groupe où chaque participant a sa place unique.

Au début : ***un temps d'accueil*** est indispensable selon la coutume africaine du pays. Par exemple, on se passe une calebasse d'eau pour s'y rafraîchir.

Ensuite ***un temps de relaxation et d'intériorisation*** permet à chacun de faire tomber le stress. Les victimes entrent souvent pour la première fois dans une prison. Elles sont passées au contrôle avec anxiété souvent et peut-être ont- elles aussi un pincement de cœur, une appréhension de rencontrer des inconnus, qui plus est sont des criminels. Quant aux détenus ils sont à la fois contents de cet *extra* de la détention, de rencontrer des personnes de l'extérieur mais se demandent bien ce qu'elles pensent d'eux et s'avancent souvent la tête basse.

Ensuite vient ***le temps de présentation*** des membres du groupe qui vont cheminer de longues semaines ensemble. L'animateur principal se présente, ainsi que les représentants de la communauté et la raison de leur présence. Il redit qu'il ne s'agit pas d'un nouveau procès : on ne cherche pas à juger et à déterminer qui est coupable, mais à se comprendre comme des personnes humaines qui ont qualités et défauts, et qui ne veulent plus vivre dans la violence. Le contrat est la confiance, le respect et l'écoute mutuelle. Il rappelle l'importance de la confidentialité. Chacun devant les autres s'engage alors à garder secret ce qui sera dit et fait dans le groupe pour donner à tous la liberté de parler sans qu'il y ait de conséquence ensuite pour lui. Ainsi chacun est mis en confiance.

Les attentes

Chacun est invité à dire son nom et pourquoi il a choisi de faire le RDV comme victime ou comme auteur d'infraction. Ce qu'il en attend. Pour parler, il reçoit une petite calebasse fermée (à adapter selon la culture) symbole du trésor qu'il porte en lui. En mimant le geste d'ouvrir et de refermer la petite calebasse à trésor, il dit ce qu'il y a de précieux pour lui dans la vie. Ce rituel est comme un geste initiatique qui l'introduit à part entière dans le groupe pour un chemin à parcourir ensemble tout au long de la session. On se passe ainsi l'objet symbolique. Chacun entre donc à parts égales dans la circulation verbale.

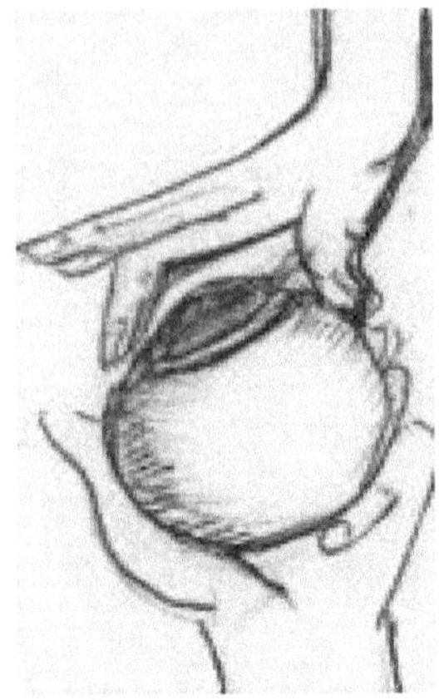

L'animateur remercie chacun et souligne combien nous sommes à la fois semblables par notre désir mais différents. Nous commençons un chemin ensemble.

L'autre médiateur écrit les attentes exprimées sur un tableau ou chacun sur son carnet pour qu'elles restent présentes aux autres rencontres et puissent être évoquées si nécessaire par la suite. Voici quelques exemples d'attente qui ont été exprimés :

> *« Ne plus avoir honte, vivre comme les autres, accepter de pardonner. »*
>
> *« Me libérer le cœur et l'esprit. »*
>
> *« Me décharger. Être libre définitivement. »*

Un témoignage

Le tour étant fini, l'animateur donne la parole à l'une des parties, à une victime ou à un détenu afin qu'il (ou elle) s'exprime longuement.

Réaction du groupe

Puis l'animateur donne la parole aux autres pour qu'ils puissent poser des questions, ou dire comment cela rejoint leur expérience. Le médiateur laisse parler le groupe puis au besoin, il résume la situation ; si nécessaire, il relève dans l'événement raconté, les émotions produites autrefois et maintenant et les conséquences de l'acte criminel... On prend le temps.

Une pause autour d'une collation permet quelques relations informelles et spontanées importantes pour qu'un rapprochement s'amorce.

Un deuxième témoignage : On donne ensuite la parole à l'autre partie. Exposé de 15 à 20 minutes suivi encore des réactions du groupe comme précédemment.

Puis, sur place, a lieu ***un temps de débriefing*** de 10 à 15 minutes par catégorie : les victimes d'un côté avec un animateur et une personne de la communauté, et les offenseurs de l'autre avec le deuxième animateur et une personne de la communauté. Chacun exprime ses impressions : comment il se sent après la rencontre, ce qu'il a appris, les questions peut-être qui lui restent. Les personnes de la communauté, observateurs, parlent aussi : la situation du groupe tel qu'ils le perçoivent.

Voici quelques réactions entendues (*O : offenseur*, *V : victime*) :

> *« Découragé parce que son histoire faisait pitié. J'ai eu peur. Tout est rentré dans l'ordre ; ça m'a soulagé. » O*

> *« Sa sincérité m'a libéré. C'est bien ; Au début, j'étais en colère. Là, ça a libéré ma colère. » V*

« Quand je venais, je me disais que j'allais poser beaucoup de *questions. Et quand je les ai vus dans la cour, et qu'ils ont dit qu'ils allaient boire, j'ai dit : quelqu'un qui prend une substance avant de m'affronter, c'est que je suis plus fort que lui, ça m'a apaisé.* »*V*

« Le yako à B. m'a donné du courage. Il me dit : j'ai joué rôle de garçon, je suis content. »

« Au départ, ce qu'il a dit, ça m'a blessé parce que j'ai pensé que c'était lui qui avait vendu son ami. C'est après que j'ai su que la mort de son ami lui a fait mal. »

« Les gens qui ont été offensés m'ont reçu à bras ouverts. Le fait qu'il te laisse le temps de discuter avec eux et de dire des paroles agréables, ça m'a fait plaisir. Je prie Dieu pour que la 2° rencontre se passe comme cela »

Ensuite en grand groupe, on se donne rendez-vous pour la prochaine rencontre avec une petite activité à faire dans la semaine : je chercherai quel surnom je me donnerais dans ma relation avec ma victime ou avec mon offenseur... Ou encore quel animal me ressemble le plus maintenant.

A partir de la 2ème rencontre, chaque séance comporte 4 temps :

1. Accueil et retour sur l'activité donnée pour la semaine.
2. Une activité commune autour du thème de la rencontre.
3. Temps des témoignages personnels plus longs.
4. *Débriefing* : en groupes séparés Victimes/Offenseurs

N.B. Il est parfois plus sûr de fixer la distribution de la nourriture à la toute fin pour éviter que certains s'en aillent au milieu de la séance, rassasiés, ou pour éviter une certaine dispersion de l'intérêt. C'est aux animateurs de doser fatigue, faim, attention, concentration des participants et de gérer le timing avec les éléments pédagogiques que nous proposons.

2ème rencontre : reconnaître sa blessure

Objectif de la rencontre :

Prendre conscience de sa souffrance

1. *Accueil et relaxation puis retour sur l'activité de la semaine*

(se choisir un surnom d'animal nous ressemblant)

A tour de rôle, on se donne la nouvelle de la semaine et on met en commun le surnom choisi. Cela doit se faire avec humour. Le choix d'un animal fait rire généralement, détend l'atmosphère, mais surtout permet d'exprimer quelle connaissance de soi on peut avoir.

Voici quelques échos de cette 2° rencontre du ROV

> *« Le singe : il est partout, et la nourriture ne finit jamais dans sa bouche. J'aime être partout. J'aime grouiller. L'argent ne finit jamais sur moi. »*
> *« J'ai choisi la fourmi, je suis un rassembleur. Les fourmis font tout en groupe, ils se battent aussi en groupe. »*
> *« Gorilles, parce qu'ils ont la force et ils pleurent dans les funérailles. Ils font le travail comme l'homme. Ils accueillent la personne quand elle meurt. »*
> *« Le chat, parce qu'il est calme et silencieux. Quand on le lance en l'air, il ne tombe jamais sur son dos. Il tombe toujours sur ses pieds. Quand on est garçon, on doit toujours tomber sur ses pieds. En plus le chat ne fait pas de cadeau aux souris, celles qui gâtent les choses. Il s'en va en cas de malheur. Cela lui fait pitié. »*
> *« J'ai réglé un problème avec le dialogue. La mangouste, il aime s'amuser, sauter sur toi. »*

Après ces descriptions amusantes qui permettent à chacun d'oser prendre la parole, on procède à un exercice plus grave.

2. *Présentation du thème par le symbole de deux miroirs, l'un brisé, l'autre intact*

On se passe les ***deux miroirs*** en posant la question : *« Qu'est-ce que tu vois quand tu te regardes aujourd'hui dans ces deux miroirs ? »*

Ce symbole est très fort. Il fait souvent émerger les émotions liées à la souffrance vécue, et contribue à l'objectiver c'est-à-dire à en faire une chose devant moi et non moi. Prendre de la distance par rapport à ce qui vous étouffe ou paralyse, c'est déjà commencer à guérir.

Échos :

> *« Ce qui est brisé, c'est que je travaillais avant ; J'ai perdu mes deux frères. C'est pourquoi ma vie est mélangée. »*

> *« Ce qui a brisé ma vie c'est la mort de maman. Je ne me vois pas bien. Ça m'a choqué ; ça a changé mon comportement ; Je suis devenu triste. Je suis toujours triste. »*

> *« Avant j'allais me révolter pour mon argent et ça va devenir une guerre civile. Oui, une guerre civile. Et aujourd'hui je vais laisser pour ne pas avoir de problème. Je vais me calmer, réfléchir, être patient et quitter devant la personne. Aujourd'hui je ne fais plus la violence. Ça me plaît. »*

Pause

3. Témoignages :

- ***une victime parle***, réactions du groupe 20 à 30 minutes.
- ***un offenseur parle***, réactions du groupe. 20 à 30 minutes.

Les médiateurs laissent parler le plus longtemps possible la personne, mais ils ont pour rôle de ramener l'échange au sujet et de faire creuser les émotions qui se cachent derrière le cérébral ou le récit brut des faits.

Avant de se séparer on donne l'activité à faire dans la semaine : chacun viendra avec un objet ou un collage ou une chanson ou un dessin, évoquant sa relation avec l'autre partie (offenseur ou victime) : quand je pense à lui ou elle, cela me fait quoi ? Cela ressemble à…

4. *Le débriefing* (regard sur ce qui s'est passé) a lieu comme la première fois par groupes séparés. Comment je me sens à cette deuxième étape, qu'est-ce qui m'a touché dans les paroles des autres ?

Échos

> *« Les victimes étaient relax, mais les agresseurs toujours durs. »*
>
> *« C'est un peu bon. Mais il y a un peu de violence dedans à cause de l'autre. Il ne racontait pas bien son histoire. »*
>
> *« Ça a été bon, mais les offenseurs sont des crânes brûlés. »*

La 3ème rencontre : l'apport de la communauté

L'objectif est de **prendre appui sur la relation pour se guérir, l'apport de la communauté pour assumer la souffrance.**

Cette séance a le même format que les rencontres précédentes mais le groupe a pris son profil propre. Cette fois-ci, selon mes expériences, on distingue mal qui est victime et qui est offenseur, tant les partages ont déjà été forts

1. Accueil et relaxation puis retour sur l'activité de la semaine :

Dans un premier temps chacun présente l'expression de sa relation avec le parti adverse. La victime exprime souvent par le collage ou la terre à modeler comment elle est à terre, dominée par l'autre. L'offenseur manifeste généralement comment il fait violence à quelqu'un. Chacun verbalise donc ce qu'il a voulu signifier. Bien souvent l'objet façonné ou le trait du dessin dépasse l'intention de l'auteur. Les autres qui regardent et écoutent peuvent faire remarquer un détail qui en dit long. Leur interrogation permet parfois une nouvelle prise de conscience des conséquences de l'acte. Les participants s'entraident déjà ainsi.

2. Présentation du thème par le symbole d'une grosse éponge

L'animateur répand un peu d'eau par terre puis présente une grosse éponge dont il déchire un coin. Il dit « Si je veux essuyer l'eau par terre, ce petit bout d'éponge est incapable d'absorber toute l'eau, n'est-ce pas ? Mais si je le rapproche de la grosse éponge, je suis capable de tout absorber. Tout seul je ne peux pas faire grand-chose pour calmer ma souffrance ou ma révolte, mais avec d'autres personnes en qui j'ai confiance, je peux réussir à tout absorber.

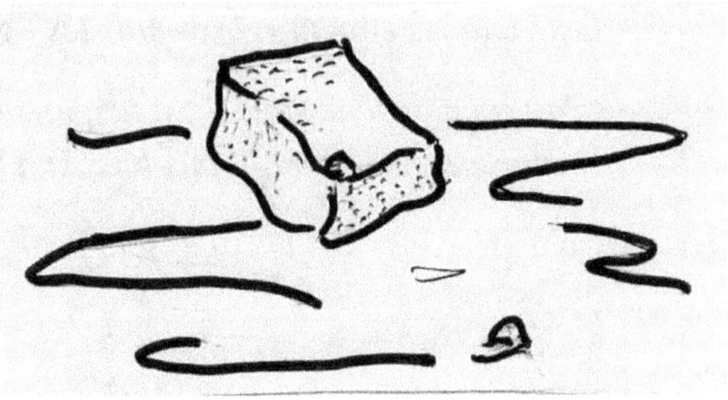

Une plante a besoin de soleil pour grandir, il y a dans mon entourage des personnes qui sont des soleils, des gens qui pourraient m'aider à mieux vivre, il y en a d'autres qui sont des pavés qui m'écrasent. Sur une feuille de papier, chacun fait « sa carte de relations » Je (moi) au milieu est relié à… (j'écris les noms et j'entoure de couleur jaune ceux qui pourraient m'aider à vivre, les personnes-soleil, et je barre les noms des personnes qui tuent mon désir de changer.

Échos :

- *Ma semaine ? J'ai été volé hier soir, je me sens trahi ;*
- *Les liens sont brisés avec mes amis. » (*Il montre sur un dessin des lignes bleues de séparation).
- *La semaine, ça va. Ce qui est brisé, c'est ma relation avec un ami. Cela peut devenir soleil, mais j'ai essayé plusieurs fois de le contacter. Ce n'est pas passé. Ce qui s'est passé, c'est que (*rires*) c'est affaire de femme* (il raconte qu'il y a eu concurrence pour une fille). *Je vais essayer de le relancer pour que cela devienne un soleil. Sinon j'ai tout fait.*

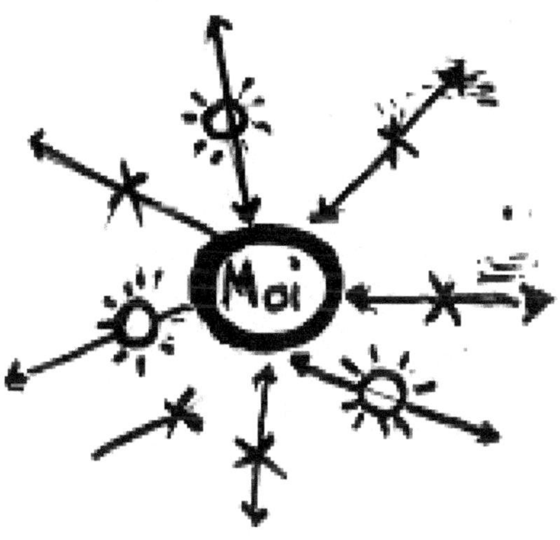

- *Carte de relation : les amies jalouses par exemple. Le samedi je plaçais ma banane. Et puis une femme est venue et m'a dit : « Donc, toi, tu as deux tables ». J'étais énervée. Je voulais réagir et j'ai dit non... Si ce n'était pas à cause de toi, à cause de justice réparatrice, j'allais la frapper, cracher dans sa figure. Tu nous as formés. Parce que sans toi, ça allait être palabre Je suis contente. J'ai changé. Ce que je comprends, c'est que justice réparatrice c'est comme si les offenseurs, ils sont nos comprimés (remèdes), et nous aussi on est comprimés pour eux. Moi, ce que je veux, c'est que ce comprimé va sortir dans toute la Côte d'Ivoire pour tout le monde. »*

Si on n'a pas la possibilité d'écrire, chacun dira sur qui il pourrait s'appuyer pour soutenir son désir de changement. La communauté est donc capable d'assumer la souffrance avec moi, tandis que je dois renoncer à aller avec les personnes ou les groupes qui me font du mal.

Pause et collation

3. *Témoignages :* une victime parle 20 à 30 minutes

Réactions du groupe, échos :

> *« Le courage que tu as eu de protéger ton petit frère, c'est un bon courage. Le viol n'est pas une bonne chose. Ça ne peut jamais quitter. C'est une plaie interne qui ne peut pas guérir... Je pleure à sa place. J'ai moi-même été violé. Ma sœur, vraiment yako !*[23] *C'est comme tu as un pied coupé. Petite sœur, yako ! yako ! yako ! » P à V*

> *« Tout ce qu'elle a expliqué, je suis découragé même. Violer, tuer les innocents, vraiment c'est compliqué. Vraiment, comme l'autre l'a dit : on ne peut pas oublier, c'est un peu dur. »*

- Un offenseur parle : 20 à 30 minutes.

> *« À 5 km de..., j'ai fait une formation de meurtrier. J'ai dû tirer une balle dans la tête de mon meilleur ami. Sa cervelle a sauté ; et tout le monde a rafalé... On était 300 personnes, on est resté 45. En Côte d'Ivoire, l'homme qui n'est pas armé n'est pas dangereux. Au Libéria, même un enfant de 5 ans est dangereux. C'est pourquoi je dis : « Ma mère je peux pas l'aimer ». C'est elle qui m'a envoyé au Libéria. »*

[23] *Yako* ! est une expression de compassion en Côte d'Ivoire.

Réactions du groupe, échos.

« C'est très dur. Ce n'est pas facile de dire des vérités à des inconnus. Mais finalement ça va libérer son cœur. »

Activité de la semaine* : *souhaits de réparation.

Je réfléchis et j'écris : si je suis victime, qu'est-ce que j'aimerais que mon offenseur fasse pour moi ? Et moi qu'est-ce que je désire pour lui ?

- si je suis offenseur, qu'est-ce que j'aimerais faire pour ma ou mes victimes ? Et qu'est-ce que je voudrais qu'elle fasse pour moi ?

4. Le débriefing a lieu comme les dernières fois par groupes séparés. Comment je me sens à la fin de cette séance, qu'est-ce qui m'a touché dans les paroles des autres.

Echos du debriefing

« Ça va très bien. Les offenseurs ont dit yako à B., ça m'a donné de la joie. » V

« J'étais fier. Avant, ils nous ont pris à la légère, ils nous ont déconsidérés. Aujourd'hui ils nous ont considérés. On nous donne yako. » V

« L'histoire de B, sa souffrance me fait dire que la violence n'est pas une solution. » O

« Ça m'a choqué quand elle a montré son bras, ça n'a pas de prix. Je remercie les victimes de nous avoir reçus. C'est l'apaisement. » O

« J'ai trouvé les échanges fructueux. La franchise est bien. Ça m'a révolté, mais à la fin, je pars satisfait, déchargé. » O

- **La 4ème rencontre : reprendre cœur.**

Objectif : montrer que la résilience est possible.

1. Accueil, relaxation et retour sur l'activité de la semaine :

échange autour du désir de réparation

2. Présentation symbolique du thème par le symbole d'un cœur

(on utilise un cœur en caoutchouc, matériel de formation médicale, ou un cœur *en tissu rouge bourré qui peut se presser et qui peut retrouver sa forme habituelle quand on relâche la pression.)*

A tour de rôle chacun reçoit dans sa main ce cœur. Le considère en silence puis s'exprime librement : il le presse en pensant à la façon dont il a été maltraité.

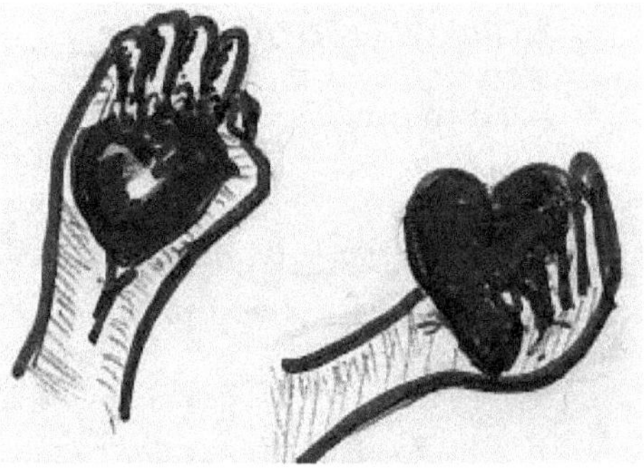

« Cœur rouge, mou, c'est comme une bouche. Tu es comme un tombeau carrelé. Mais à l'intérieur, c'est pourri. Il m'énerve, il me dégoûte ; j'ai envie de le jeter à la poubelle »

« C'est bizarre, ma femme avec ses comportements bizarres. Le cœur rouge est mou, mais dans sa constitution il est rond. »

Puis il le détend jusqu'à sa forme normale, en pensant à tout ce qu'il est devenu capable de faire maintenant : les projets :

« Cette semaine je voulais renvoyer ma femme, parce qu'elle reçoit mal les invités. Mais quand j'ai pensé à la formation, je lui ai dit d'arrêter ce qu'elle fait, je vais lui demander pardon. J'ai déjà acheté deux complets de pagne, je vais lui remettre. Moi, je

suis un homme connu, et quand on me voit dans la rue, on me dit : je suis parti chez toi, et ta femme ne m'a pas bien accueilli, ça me fait mal. Non elle ne faisait pas cela avant. »

« On dit : Il a pris une autre femme qu'il entretient et il a renforcé le maquis de cette dernière en augmentant son chiffre d'affaires. Et ils s'affichent ouvertement. »

Un participant le questionne :

« Pourquoi selon vous elle n'accueille pas bien les invités ? »

« Je pense que pour les hommes, elle les considère comme des complices et pour les femmes comme des rivales ; J'ai déjà acheté deux complets de pagnes. Je vais lui demander pardon. »

Ainsi le cœur comprimé dans la main de B, se détend peu à peu pour se rendre capable d'aimer.

« Un cœur agréable, source de respiration... la vie ne s'arrête pas à l'angoisse qui comprime ton cœur. » (Pour lui, d'avoir perdu sa fille).

« Moi çà va. J'accepte de croiser ma mère une deuxième fois. Cœur couleur rouge. Je me rappelle plusieurs personnes que j'ai offensées. Le cœur c'est le moteur d'un être vivant. »

3. Témoignage d'une victime ou d'un offenseur et réaction du groupe

Échos

« Cela me fait mal. Je connais quelle souffrance qui est dedans. Moi-même ça me fait beaucoup de la peine. »

« Actuellement ça va. Même hier il y avait intronisation d'un chef de tribu, je suis allée. »

« Le tuer, pire le brûler. Ça me touche sincèrement. Prends courage c'est la vie. »

Pause et collation

Deuxième témoignage d'une victime ou d'un offenseur et réaction du groupe :

> *« Son histoire me fait mal. Et tu dis merci aux victimes. Avant ils nous prenaient comme des animaux. Vu les explications on se salue, on se taquine, çà fait déjà une famille. »* (K réagit au récit de O)

Activité à faire pour la semaine *:* comment j'envisage de me réparer moi-même ? Avec qui ? Comment ?

4. Débriefing

- **La 5ème rencontre : la lumière fait revivre**

1. Accueil et relaxation. Cette fois on inverse un peu l'ordre du processus.

2. Témoignages de ceux qui n'ont pas encore eu le temps de parler longuement d'eux-mêmes.

Pause

3. Présentation symbolique du thème : la lumière

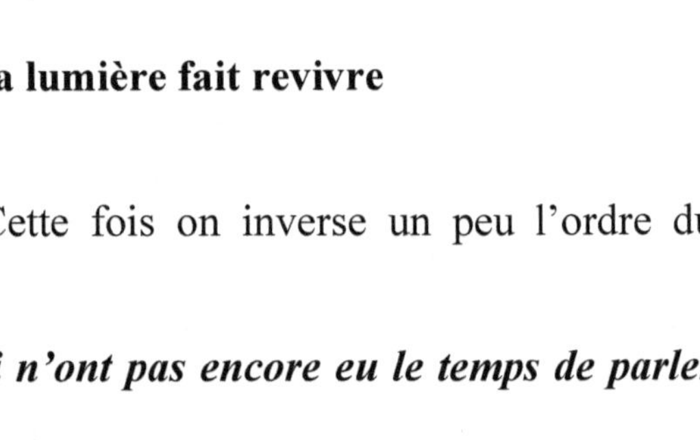

Après une réflexion ensemble sur ce que fait la lumière dans nos vies, comment elle est vie, l'animateur donne à chacun un lumignon allumé. Cette lumière est vraiment ce que nous souhaitons maintenant pour notre vie. Puis il dit à un offenseur d'éteindre sa bougie et d'aller éteindre la lumière d'une victime (geste difficile).

L'animateur dit ensuite : *« Il arrive que quelqu'un abîme la vie d'un autre parce qu'il a oublié la lumière qui l'habite. Il l'a éteinte en lui. Vous rappelez-vous qui a abîmé la vie de N (*victime à la bougie éteinte) ? »

S'adressant à un offenseur : « *Maintenant es-tu capable de rallumer la lumière de N. Que veux-tu lui dire de la part de son propre offenseur ?* » Chaque offenseur est alors invité à faire de même pour une autre victime.

Puis chaque victime, en se rappelant ce dont un offenseur est capable à l'avenir, va allumer sa bougie et lui dire : *« Je te pardonne de la part de ta victime et je te souhaite... ».*

Retour sur l'activité de la semaine : mes décisions pour l'avenir : chacun, la bougie allumée désormais, partage ses décisions pour l'avenir : ce à quoi il a réfléchi pendant la semaine en envisageant l'avenir.

On prévoit alors la 6° rencontre : la rencontre d'évaluation qui sera une petite fête. Chacun prépare, pour un membre du groupe ou pour tous, un petit cadeau du genre poème, chanson, danse, objet qu'il a confectionné lui-même ou autre, etc. pour exprimer à quelqu'un du groupe quelque chose qui l'a particulièrement touché.

4. Débriefing

6ème rencontre : la fête

La 6° rencontre est à la fois un temps d'évaluation et un temps de célébration

1. Accueil et relaxation

2. *Un temps d'évaluation globale des rencontres* : après un moment de silence on partage ce qu'on garde en soi des rencontres vécues ensemble. Qu'est-ce qui m'a marqué ? Comment je me sens maintenant ? Est-ce que je recommanderais l'expérience à d'autres ?

Échos :

> « *Oh là ! J'ai pris l'initiative de régler un problème vieux depuis quatre ans. C'est une victoire pour moi. Je suis content, et mon beau dit qu'il est content de moi. C'est pour moi une joie. C'est mon honneur qui grandit.* »

> « *La rencontre m'a fait revivre des moments difficiles, et cela guérit les parties que je n'avais jamais dites et jamais racontées à personne, jamais expliquées. Ça m'a plu, ça m'a libéré aujourd'hui.* »

> « *Ton témoignage B a fait que je me suis senti dedans sur un autre côté. En tant qu'enfant de corps habillé, je me suis senti frustré. Après l'explication, j'ai commencé à comprendre ce qui l'a motivé à agir comme ça.* »

Cette dernière rencontre est d'un genre spécial puisqu'elle se présente comme une sorte de **célébration de la libération** obtenue de la compréhension mutuelle, voire de la réconciliation. Chacun est invité à exprimer le fruit de sa démarche de façon symbolique en offrant à une personne du groupe le petit cadeau qu'il a préparé : poème, petit cadeau, chanson, lettre, improvisation…

Il est difficile de rendre compte de la teneur émotionnelle et de la densité spirituelle de cette séance. Chacun garde en mémoire cet événement unique comme un encouragement pour son cheminement. Quelles que soient les convictions et les croyances des participants qui sont variées, la spiritualité apparaît dans ces échanges comme l'humus dans lequel peut germer discrètement la nouveauté d'un changement réel de mentalité.

Rendez-vous est donné aux participants pour une 7ème rencontre un ou deux mois plus tard : occasion de se revoir et de faire le point avec le recul du temps sur les effets du programme sur chacun.

Pour clore la démarche on peut aussi envisager de rassembler les participants de tous les groupes pour ***une cérémonie officielle*** où les représentants des financeurs et des autorités de l'administration pénitentiaire sont invités à partager un repas avec tous en remerciement de leur appui. Cela donne du prestige à la démarche et est une forme de félicitation aux participants. Ces personnalités peuvent alors être sollicitées pour distribuer des attestations nominatives de participation au RDV. C'est ce qui a pu avoir lieu à la MACA avec le Juge d'application des peines et le directeur de l'établissement.

Le JAP félicite la psychologue référente Hortense Kanga

Ainsi l'observation du déroulement des cinq ou six rencontres permet de saisir la dynamique du groupe. De semaine en semaine, on passe de l'agressivité à la compréhension, des mécanismes de défense à l'ouverture mutuelle au point que déjà, à la troisième rencontre généralement, le groupe s'étonne de ne plus faire référence aux statuts de victimes ou d'offenseurs. On ne sait plus qui est victime et qui est offenseur. Les détenus se révèlent avoir été victimes et reconnus comme tels par le groupe, ce qui leur est très rarement arrivé dans leur situation.

Ils sont alors capables de mieux comprendre leur situation et de s'ouvrir à celle des victimes. Étonnamment, les victimes se découvrent délinquantes potentielles si tout un entourage ne les avait soutenues.

Stimulé par la confrontation ou la compassion des autres à partager en profondeur sans crainte d'être jugé, chacun a été invité à parler avec authenticité, et par là il a pu atteindre son objectif de prise de conscience et de guérison. Cette impression de satisfaction générale est le critère de réussite retenu par plusieurs études réalisées sur ce mode de justice réparatrice : les effets du ROV permettent de préciser l'impact d'une telle expérience et son efficacité pour un changement.

CHAPITRE V

EFFETS DU ROV ou RDV

Le programme de justice réparatrice réalise-t-il ses objectifs ?

Quel est son impact ?

Pour en revenir à mon étude scientifique, trois mois après la dernière rencontre, une deuxième entrevue permettait de retracer les ombres et lumières de la démarche telles que les participants les percevaient et d'apprécier dans quelle mesure les objectifs de la démarche avaient été réalisés. Puisque la pédagogie de la pratique de justice réparatrice repose sur le dialogue et la parole donnée aux acteurs principaux, j'ai choisi parmi tant d'autres deux témoignages pour ouvrir ce chapitre.

1. Écoutons quelques témoignages

R. veut rencontrer le tueur de sa mère et réparer sa vie à la suite d'un RDV, il nous explique pourquoi :

« Ma mère a été tuée par un homme. J'avais huit ans. Je vous épargnerai ici les circonstances de sa mort. D'ailleurs ne devrait-on pas toujours en être épargnés ? Ce n'est pas essentiel. C'est sûr que cela fait plus sensationnel quand je donne des détails, les gens disent : « Oh ! Mon Dieu ! » Mais je ne suis pas à l'aise. C'est comme si je n'avais pas à le faire, bien que cela m'assure parfois que mon interlocuteur trouve ça grave et voie davantage la grandeur du drame que j'ai pu vivre. Mais c'est rarement le cas.

En fait, évoquer que c'est un meurtre suffit. Le drame est qu'une personne en tue une autre, ainsi que la blessure qui en résulte chez les proches. Pourtant, au cours de ma vie, peu de gens se sont montrés intéressés d'abord à la souffrance que j'ai pu vivre. Les questions spontanées les plus fréquentes étant : 'Le gars est-il encore en prison ?'

Étrangement, j'en ai voulu à la vie, à Dieu, à la société mais pas de façon évidente ou démesurée au gars. Je le considérais comme un pauvre gars « dérangé ». Il faut dire que pour un enfant de huit ans, un tel événement est trop dur à prendre, trop gros. Un enfant est démuni pour y faire face consciemment. Par un certain mécanisme de défense j'ai mis ça un peu de côté.

Mais je vivais quand même intérieurement un traumatisme profond avec toute une gamme d'émotions : peur, désespoir, tristesse, colère et honte. Par la suite, ma vie a été jalonnée de secousses issues de ce tremblement de terre. Pour tout dire, j'ai dû faire un sacré cheminement pour intégrer cette expérience, pour apprendre à vivre avec cette souffrance. Vers le début de la trentaine, j'ai songé à rencontrer le type, mais on me l'a déconseillé ; il n'y avait rien à faire avec un tel individu, et la démarche pouvait me faire mal. Pourtant cela faisait plein de sens pour moi. J'ai laissé ça dormir quelques années. Mais cela demeurait présent.

Je me disais que ce serait bon pour moi et pour lui, que j'avais sans doute la clef de sa vie, qu'essayer de réparer la vie serait bon. Il faut réparer car quelque chose a été brisé... Quelques personnes à qui j'en parlais voyaient ça comme un geste d'une extraordinaire bonté, un peu fou, courageux : 'Tu n'as pas peur ?' Peur de quoi ? Il ne peut rien y avoir de pire que ce que j'ai vécu... Dans la trentaine, j'ai fait deux démarches pour savoir où était le gars.

C'est à l'âge de quarante ans que je me suis décidé à aller plus loin. Dans mon cas, ce qui avait plein d'allure était que ça mettait du concret sur un événement devenu abstrait avec le temps. C'est un geste de mon initiative, une démarche où j'ai du pouvoir. Je deviens actif à l'égard d'une situation subie. J'ai donc contacté un responsable du programme « Face-à-face » dont j'avais le numéro depuis quatre ans. Une rencontre a eu lieu où j'ai exprimé mes attentes et obtenu des informations. J'ai alors décidé de participer à une session de cinq rencontres avec cinq détenus et quatre autres victimes. Bien que mon but était de rencontrer le gars qui a tué ma mère, je voyais cette démarche comme une étape importante, une bonne introduction.

Ces rencontres se tenaient en prison, ce qui représentait déjà un défi pour moi qui n'y avait jamais mis les pieds. Sur les cinq détenus, trois avaient tué quelqu'un. Il était important pour moi de faire face à un détenu ayant commis un meurtre. Les jours avant, j'étais nerveux à l'idée de me retrouver là, mais j'avais hâte de vivre enfin cette rencontre. D'ailleurs, à la première rencontre, j'ai dit aux gars que j'étais content d'être en leur présence : ' Profitez-en, ça ne doit pas être tous les jours qu'on vous dit ça'.

Dès cette rencontre, j'ai su qu'il y aurait des moments intenses et qu'il se passait déjà quelque chose. La rencontre en soi produisait quelque chose. Comme si le plus gros était maintenant fait. Juste la pause où j'ai grillé une cigarette avec deux des détenus était un grand moment. Étrangement, sans qu'on le sache, ces deux détenus étaient de ceux qui avaient tué et nous étions là à fraterniser. C'était un rapprochement spontané, simple et vrai. Je sentais que j'étais important pour eux et eux pour moi. Ce sentiment ne s'est pas démenti au cours des rencontres.

Puis vint le temps des témoignages ; moments privilégiés pour parler et écouter. Derrière chacun, un être humain qui a souffert et qui voudrait réparer. J'ai été touché par les vies de ces gars-là, produits de notre société. Je n'ai douté d'aucun témoignage, ni de la sincérité des personnes, bien que tous ne soient pas rendus à la même place sur le chemin de la vérité. J'ai parlé, partagé mon vécu et ma souffrance. Mon témoignage a touché les détenus profondément retournés.

J'ai beaucoup aimé ces rencontres, c'était vrai, approprié. Quand on a été victime d'un meurtre, il y a peu de place où on peut en parler, c'est quelque chose qu'on n'a pas en commun avec beaucoup de gens. Les victimes ne se réunissent pas, ils souffrent en silence. Mais là, j'avais quelque chose en commun avec ces gars ; on parlait de la même tragédie même si on était d'un côté et de l'autre de la clôture. Un détenu a dit : 'On parle ici d'une vie humaine qui n'est plus... à cause de moi.'

C'est la démarche de pardon que je voulais faire. Cela peut sembler prétentieux que moi je pardonne. Mais je le dis en sachant bien ce que ça signifie. Pour moi, cela veut dire : 'Je veux te pardonner, j'essaie, j'espère que tu seras pardonné'. En sachant aussi que ce pardon accordé avec ma tête, ne garantit pas celui de mon cœur, de mon être entier. Le pardon a une dimension qui nous dépasse, intérieure. D'ailleurs, il y a quelques années, je me disais que ce n'était peut-être pas à moi de pardonner un tel geste, que c'était le job de Dieu, son domaine de juridiction. Pourtant je crois être en voie d'y arriver. Bien que pour m'assurer d'un pardon plus complet, je voudrais avoir rencontré le véritable responsable.

Déjà il est clair que je me suis affranchi d'une tâche que j'avais à faire. J'ai fait tout ce qui était en mon pouvoir pour réparer, pour que le dernier chapitre soit écrit et tourner la page. »

Autre témoignage :

Celui d'une maman victime secondaire du meurtre de son fils.

« Ces rencontres m'ont offert une occasion de m'exprimer librement, ont favorisé des deux côtés une prise de conscience de l'impact qu'a eu sur moi le meurtre de mon enfant, ont favorisé la libération des émotions destructives et ont aidé à une compréhension mutuelle du vécu des détenus et des victimes, et à l'abandon des préjugés.

J'étais convaincue à la première rencontre que cette démarche serait bénéfique. Je ne me suis pas trompée. Chaque participant a été très respectueux des sentiments exprimés et une grande compassion a plané sur le groupe durant ces six semaines de rencontres.

J'étais nerveuse, je ne savais pas à quoi m'attendre, ni quelle serait ma réaction étant face à quatre hommes ayant été jugés coupables d'homicides. À mon grand étonnement, ces hommes étaient profondément bouleversés de rencontrer des victimes d'acte criminel et d'écouter mon vécu qui leur démontrait les conséquences du geste qu'ils avaient posé. J'y ai vécu un échange de perceptions des événements qui nous rassemblaient et ma croyance étant que nous sommes tous interactifs en tant qu'humains, une parole ou un regard peut nous amener plus loin dans notre développement personnel.

L'expression de mon vécu m'a redonné ma dignité, je pouvais enfin parler directement à des gens qui avaient causé chez d'autres personnes un geste irrecevable. J'y ai découvert mon ouverture d'esprit face à tous les humains, et mon désir de laisser une chance au coureur.

Je crois que tout individu ayant causé un acte criminel, doit être arrêté dans sa façon d'agir ce qui peut provoquer chez lui une prise de conscience. Ensuite, s'il a le désir sincère de se réhabiliter, il devrait avoir droit à une deuxième chance.

La justice réparatrice fait partie de mon cheminement thérapeutique et j'ai participé à un RDV avant tout pour mon bien-être, pour aller au bout de moi... Les quatre détenus rencontrés sont en démarche depuis leur incarcération et sont sérieux dans leur désir de réhabilitation. À mon avis, autant du côté des détenus que des victimes, nous avons été affectés par un même geste extrême. Je trouve que nous avons un même cheminement à faire pour s'en sortir, toucher le fond du trou et en émerger en se pardonnant et en se faisant réparation à soi-même. »

Comprendre, se faire comprendre, et se comprendre, tels pourraient être les trois mots-clés de l'évaluation de ces rencontres entre offenseurs et victimes.

En Abidjan, lorsque l'équipe promotrice de justice réparatrice a voulu créer une association et trouver un slogan pour présenter au mieux les RDV, c'est le nom ***"Renaître "*** qui a eu la préférence. En fait, cela résume bien ce qui se passe dans ces rencontres : il s'agit bien de renaître d'une certaine façon. La justice réparatrice est transformatrice.

2. Renaître

- ***Renaître dans son corps***

J'ai pu constater de semaine en semaine, dans les groupes, une transformation corporelle des participants.
A la première rencontre J.P, victime secondaire du meurtre de sa mère, m'impressionne : le visage fermé, les épaules voûtées, le corps presque en posture de fœtus, il a reculé sa chaise pour ne pas être vraiment dans le cercle. À la fin de la session, il se tient droit, le visage ouvert aux autres, il rit et offre une chanson à la petite fête de la dernière rencontre.

Dans un autre groupe J. détenu pour de nombreuses fraudes, se tient avachi sur son siège, allonge les jambes, décontracté, et tel un spectateur, se tourne légèrement vers l'extérieur du groupe comme pour manifester que tout cela ne le concerne pas. Il n'est ni violeur, ni meurtrier ni voleur, croit-il. Il s'est seulement servi avec débrouillardise du système bancaire pour repérer des numéros de clients et se servir dans leur compte. Tout dans sa posture manifeste qu'il ne se sent pas du tout concerné par le programme. Ce qui est dit l'intéresse pourtant. Peut-être est-il venu en espérant se faire bien voir du JAP. Et voici qu'à la troisième rencontre, C. parmi les victimes révèle son indignation et sa peine d'avoir constaté que son compte bancaire a été complètement vidé en une nuit : toutes les économies sur lesquelles elle comptait pour refaire son toit et nourrir sa famille se sont d'un coup évaporées. Elle regarde fixement J. Celui-ci s'est brusquement retourné vers l'intérieur du cercle, le torse tendu en avant et le visage de plus en plus contracté. Le revirement corporel entame une transformation progressive et réelle qui le stupéfait lui-même.

M. après avoir donné son témoignage sur l'inceste dont elle a été victime pendant des années, s'étonne de sa transformation physique. Elle qui se sentait laide, sale et d'un poids exagéré se sent soudain à l'aise dans sa peau. Elle est redevenue belle au point que ses collègues de travail en sont tout étonnés et interrogatifs sur cette métamorphose.

DM, victime à Duékoué, ne pouvait plus passer sur la route du carrefour et interdisait ce trajet à ses enfants. « *Hier je suis allé faire mes commissions à 20 h au Carrefour ! C'est fini,* » dit-elle. La peur de cet espace interdit par les images des crimes est maintenant dépassée pour elle.

Un offenseur avoue : « *Ça m'a plu la rencontre ; ça m'a donné dans mon cœur la chair de poule. Mon aspect a changé. Je suis content même dans mon cœur, dans mon corps.* »

Même si certaines victimes comme J. gardent de profondes cicatrices ou un membre déformé suite aux affrontements violents, elles ont retrouvé leur équilibre corporel et un rapport normal à leur espace quotidien.

- ***Renaître en son identité psychologique***

Outre la transformation physique constatée au terme de la session, un changement psychologique notoire s'est opéré tel qu'a pu l'observer la psychologue de l'équipe d'animation Kanga Hortense qui en a rendu compte sous la forme des graphiques ci-après.

Transformation psychologique chez le détenu à la MACA

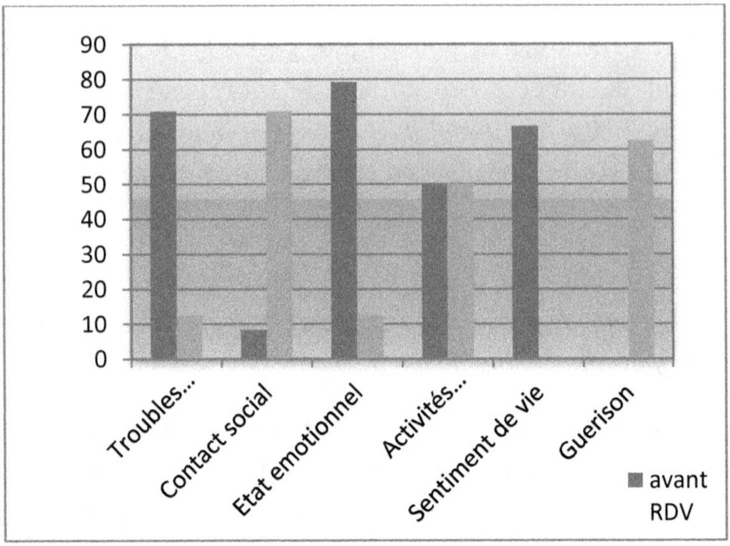

Transformation psychologique chez la victime à la MACA

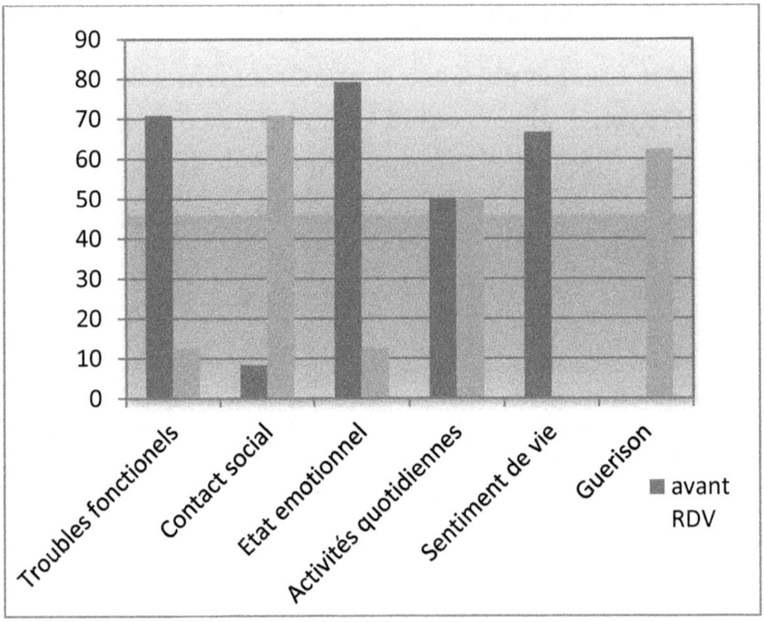

Résultats à comparer avec ceux du programme de Duékoué hors milieu carcéral (ci-dessous). On constatera une forte ressemblance, malgré la différence du contexte

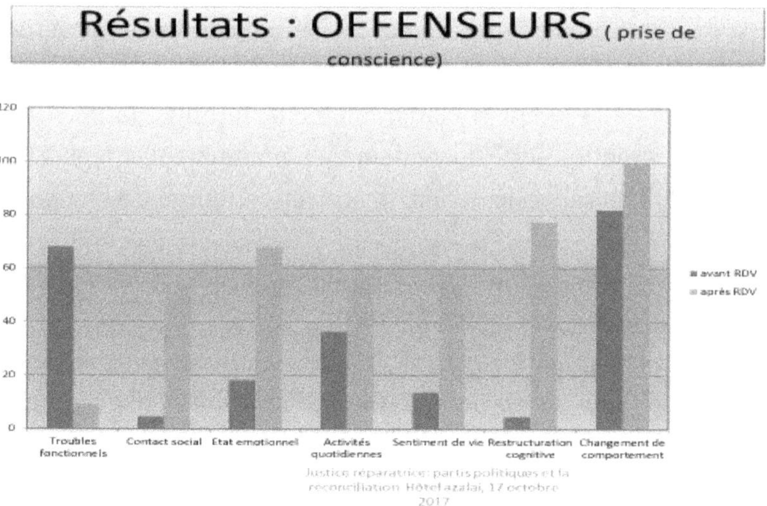

DUEKOUE en milieu ouvert

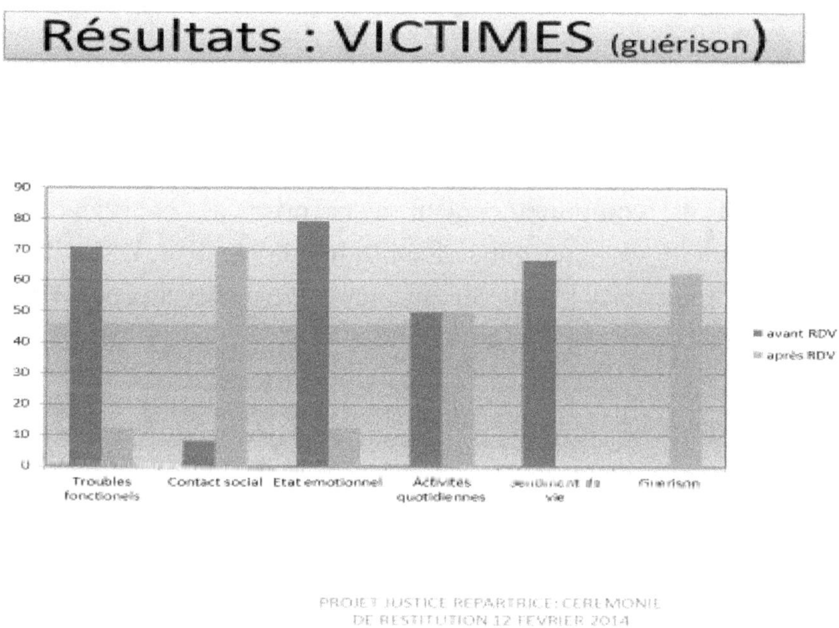

On pourra aussi comparer ces graphiques à ceux d'une recherche faite par une étudiante M.Beaulac dans le cadre d'une maîtrise en criminologie à l'Université de Montréal (voir graphiques annexe 2). Que cela soit dans un contexte carcéral ou hors les murs, dans une petite ville, on saisit par cette observation psychologique comparant les traits saillants de l'entretien avant et après la réalisation du programme, pourquoi les participants sont satisfaits et parlent de « libération ». La charge émotionnelle ayant considérablement diminué, la personne est capable de fonctionner normalement maintenant dans la vie quotidienne. On se rappelle ce que disait cette victime de Duekoué

> *« Je buvais koutoukou*[24] *pour dormir la nuit... Et puis quand j'ai raconté mon histoire, je me suis libérée. J'ai dormi. C'est là je me suis dit ce que Dieu fait est bon, je suis au milieu des gens, on me donne conseil. Je vais arrêter de boire... Oui cela fait quatorze ans que je buvais. Quand je sens cela dans mon nez, ça sent trop dedans. Maintenant je suis revenue en moi-même. »* J. (victime de Duékoué)

La victime peut reprendre une vie active et surtout est capable de renouer avec son entourage en retrouvant une vie relationnelle plus aisée, parfois même transformée.

Ainsi, victime et agresseur retrouvent le goût de vivre, et on constate chez la première une guérison, chez le second une restructuration et un changement de comportement dû à la prise de conscience des conséquences de ses actes qui sera un frein à la récidive. Il s'agit donc bien d'une renaissance psychologique qui va permettre aux participants de RDV ou ROV de renaître en dignité

---

[24] Boisson très alcoolisée de Côte d'Ivoire.

- ***Renaître en dignité***

L'accueil et le climat de confiance des groupes ont permis de vraies rencontres où chaque personne a pu retrouver sa dignité humaine.

Le détenu retrouve sa dignité humaine

La satisfaction globale des détenus vient de ce qu'ils ont eu l'occasion de s'affirmer comme des êtres humains alors que trop souvent en détention, ils se sentent classés comme des « *numéros d'écrous* ». En prison, ils sont obligés de se méfier les uns des autres à cause des retombées négatives éventuelles de leurs paroles. C'est la loi de la jungle, la violence est considérée comme le principal moyen de se faire respecter. Or ici, devant les victimes, les détenus ont retrouvé leur droit à la parole, droit que la société leur refuse si ce n'est dans le contexte d'un procès. Ils se sont affirmés comme personnes à part entière, reconnues dans leur histoire et aimées malgré leur vécu, des personnes qui ont le pouvoir de se faire entendre, à pouvoir égal des gens de l'extérieur.

> *« La justice réparatrice, c'est expliquer ce qu'on a vu et vécu. Ça éduque son esprit, son cœur, tout l'homme même. C'est le changement en joie. C'est pouvoir enlever, faire sortir ce qui fait mal dans le cœur. C'est l'hôpital, c'est docteur. C'est apprendre à pardonner, c'est la paix, c'est donner la joie de vivre, et ils m'ont dit que tout est possible. »* (un offenseur de Duékoué)

« Donner la joie de vivre ». Comme lui, d'autres se sentent utiles et capables de contribuer à la guérison de victimes semblables à celles qu'ils ont blessées profondément. *S.* est très conscient de cette mission. Il dit à A. tentée de ne plus revenir : « *Balance ta souffrance. J'ai balancé la mienne. J'ai besoin de toi* ».

L. est particulièrement heureux de constater qu'il a apporté quelque chose à d'autres. De toutes ses incarcérations à répétition, c'est la première fois qu'il voit en chair et en os des personnes qui auraient pu être celles qu'il a séquestrées.

L'agresseur se met progressivement à l'écoute de la souffrance des victimes et souvent s'y retrouve avec émotion, car lui-même a pu subir des abus semblables dans son enfance. Il est peut-être pour la première fois surpris de cet aveu. Il est reconnu lui-même dans son histoire qu'il peut raconter, mais aussi dans l'attente qu'on a de lui comme responsable de ses actes. Il retrouve ainsi sa dignité humaine tout en se libérant des défenses intérieures qui étaient censées le protéger dans la vie sociale. Le mur de déni se fendille progressivement et finit par craquer, car il trouve dans le groupe un climat d'amitié dont finalement il avait tant besoin.

E. ancien père incestueux, participant à un RDV pour auteurs et victimes d'inceste, réalise progressivement comment il a pu tuer l'avenir des enfants qu'il abusait. Il va être capable d'être profondément retourné par ce qu'il entend et même, dix ans après, de l'assumer publiquement. Dans une lettre récente, il me raconte avec assurance qu'il témoigne maintenant en public du mal commis sur ses deux petites filles, et en même temps qu'une force l'habite depuis les rencontres, le rendant capable d'encourager les abuseurs à s'en sortir. J'avoue que cette fierté m'a confortée aussi dans cette perspective de justice réparatrice dans le cas de la pédophilie. J'y vois pour eux une voie sûre de sortir de leur enfer. Ainsi, détenu et victime ne sont plus dépersonnalisés aux yeux des autres. Tous sont étonnés d'entrer facilement en communication au même niveau. Les détenus ont pu être écoutés non seulement sur ce qu'ils ont fait de mal mais aussi sur leurs réussites. Ici on ne parle pas d'infraction à la loi mais de blessures, celles des victimes et parfois aussi les leurs. Leurs propres souffrances ont été écoutées par des personnes qui ne sont pas là pour les punir, mais pour faire la vérité. De ce fait, l'auteur d'acte criminel est reconnu dans sa responsabilité, dans la mesure où il la reconnaît lui-même et le dit. L'image que l'offenseur a de lui-même redevient authentique sous l'éclairage de la vérité mise à jour. S'il cache quelque chose, quelqu'un lui posera peut-être une question percutante. De plus, s'il veut vraiment guérir il doit reconnaître peu à peu qu'il est bien l'auteur d'actes pour lesquels il est là.

Le face à face aide le détenu à mieux comprendre la violence de son crime et à changer.

La rencontre des victimes lui fait ainsi découvrir qu'il a provoqué par ses actes criminels non seulement des dommages matériels et des blessures corporelles, qu'il aurait tendance à minimiser en disant que les assurances paient, mais bien plus encore qu'il a blessé profondément des personnes. Il constate que la vie de ses victimes est toute perturbée, et qu'elle reste des années avec des traumatismes psychologiques profonds. À constater l'émotion de la victime qui raconte son histoire, il s'aperçoit que le petit objet volé, qu'il considérait comme insignifiant, a une grande valeur sentimentale pour elle, car il était le symbole d'une relation profonde avec un être cher. *« Ils m'ont volé ma mère »*, crie une victime en évoquant l'anneau de sa mère qu'elle n'a jamais retrouvé après avoir été volée, et qui était le seul souvenir concret qu'elle gardait de celle-ci.

Par les sous-entendus et interactions du face à face avec les victimes, ***l'offenseur perçoit mieux ses propres dépendances et est stimulé à s'en libérer***

En écoutant B. raconter qu'il lui a fallu dix ans pour se décider à ne plus être dépendante des images terrifiantes de ses agresseurs qui s'agitaient dans son imaginaire, le détenu peut saisir qu'il était lui-même un « suiveur » sous la coupe de leaders criminels et qu'il lui est possible, comme elle, de décider de s'écarter de leur emprise. Il est aussi encouragé à décider de travailler à se libérer de sa dépendance alcoolique, narcotique ou sexuelle.

Chez la victime encore dépendante des conséquences du crime, il perçoit combien sa souffrance est insupportable et il cherche à l'aider. Cela le gêne. La dépendance de la victime devient miroir pour sa propre dépendance.

G. constate qu'il a appris ses propres manières de faire. Il se connaît mieux, mais en même temps le fait de ne pas se sentir jugé le remet debout :

« Hier je n'ai pas dormi et j'ai dit : même si ce n'est pas ma victime, on m'a appris mes méthodes. La vue de la main de maman J, ça m'a choqué. Je pensais qu'on allait nous parler mal. Je m'attendais à des bois. Chacun est sur ses gardes. Mais moi ça va, c'est la joie même, je suis déchargé même... Vous avez bien travaillé. » (O)

Ainsi, étonnamment, les détenus trouvent auprès des victimes, la reconnaissance de leur dignité de personne humaine en étant capable de réciprocité comme le manifeste *M* qui, en sortant de la 5e rencontre de RDV, traverse la cour de la prison en serrant dans ses mains les petits cadeaux qu'il vient de recevoir des autres et affirme : « *Cette fois, on est vraiment des êtres humains* ».

La victime aussi retrouve sa dignité humaine

Il est rare que la victime puisse prendre la parole directement en Cour, si ce n'est pour témoigner des dommages causés qui permettent d'identifier la nature de l'infraction. Elle se sent souvent utilisée comme informatrice et non considérée pour elle-même, blessée par les violations commises à son endroit. De plus la perte de la parole et la perte du contrôle de soi qui saisissent souvent la victime traumatisée ont affecté sa vie sociale. Or, elle trouve dans les rencontres avec les détenus un lieu pour s'exprimer en toute sécurité et libère sa parole dans un groupe qui l'écoute avec empathie. Elle se surprend en train de parler de petits détails qui la touchent plus que le reste, parce qu'ils ont une forte valeur sentimentale sans que personne ne trouve cela ridicule, comme ce fut le cas pour P., par exemple, parlant de la perte de l'anneau de sa mère. Lorsque le traumatisme dure depuis des années et qu'elle n'a jamais osé en parler à son entourage, ou que celui-ci est las d'entendre toujours les mêmes plaintes, le récit des autres victimes et le climat de confiance du groupe lui permettent de faire surgir de son subconscient des images terrifiantes qu'elle pourra décider de mâter. La victime sort de son mutisme et redevient actrice de son histoire. On pourrait même dire que ce n'est pas tant le contenu de ses souvenirs qui importe mais le fait de faire mémoire, le mouvement par lequel elle est capable de sortir ce qui l'empoisonne intérieurement depuis des années parfois. La parole, n'est-ce pas le propre de l'être humain ?

D'autre part perturbée dans sa vie quotidienne, la victime, ne se reconnaît plus elle-même. Elle perd le contrôle de ses émotions, la gestion de son rapport à l'espace et au temps. Elle est paralysée par la peur et se surprend à avoir des réflexes de rejet ou d'évitement persistants. Le RDV lui permet de mettre en perspective les éléments de son cadre de vie et de démystifier la peur au contact d'agresseurs réels qui sont comme les substituts du sien.

> *« Ça m'a trop plu. Je sais comment marcher maintenant. Je suis trop contente. Mon cœur n'est plus fragile comme avant ; C'est devenu dur ; Ils* (les offenseurs) *sont calmes ; ça m'a surpris. J'ai eu peur de K. et de S. ; leur visage m'a fait peur. Je voyais la violence. Avant j'étais à part, isolée. La joie qui était en moi était partie. Les enfants, surtout ma fille, disaient : 'Maman tu as changé deh ! Tu ris maintenant'. »*

Elle a pu manifester sa révolte et son indignation. Au contact des autres victimes qui expriment ce qui les a affectées, elle peut laisser tomber ses masques de défense que la vie sociale l'obligeait à porter. Elle brise la carapace de la honte et du déni ; elle retrouve son authenticité, l'originalité de sa personne, et le goût pour ses engagements que le traumatisme avait émoussé. Bref, la victime retrouve sa dignité humaine.

Ainsi chaque participant du RDV est reconnu comme partenaire d'un dialogue sur le même pied d'égalité, le droit à la parole est restitué à chacun ainsi que l'initiative d'éclairer la situation, de se faire comprendre et le pouvoir de reprendre le contrôle de sa vie jusque dans les profondeurs de sa personnalité blessée. Ainsi il renaît dans sa relation à l'autre.

- ***Renaître dans la relation à l'autre : un changement de regard***

Pour l'offenseur la victime n'est plus un mythe

Afin d'avoir la concentration nécessaire pour réussir son coup, l'agresseur a tendance à dépersonnaliser les personnes qu'il a atteintes par son crime. Il dit :

> *« On ne veut faire de mal à personne. On fonce comme gelé pour avoir le magot. Si on a peur, on tasse la personne qui fait obstacle, on l'humilie ou on tire ».*

Il a aussi tendance à idéaliser ses exploits criminels. En face de personnes réelles, la victime n'est plus un mythe. Le détenu a l'opportunité de laisser tomber ses perceptions imaginaires.

De plus, le détenu devient d'autant plus enclin à l'empathie qu'il est lui-même reconnu comme victime d'une enfance malheureuse ou des préjugés de la société. Accueilli comme être souffrant dans le groupe, il développe une compréhension affective des autres, parvient à mieux se comprendre lui-même en cherchant à se faire comprendre.

Pour l'auteur d'acte criminel, le fait d'avoir à faire à des victimes-substituts ou à des agresseurs-substituts a certainement facilité le dialogue :

> *« Vu ce qu'on leur a fait, et en face de nous, ils nous ont pardonné. Ça me rassure, ça me met en confiance. »*

> *« J'ai la paix parce que des victimes ont reconnu que je suis une personne malgré que je leur ai fait du mal. Avec l'histoire de, je suis allé me réconcilier avec mes tontons parce que je les accusais de tous les malheurs. J'ai compris que ce n'était pas de leur faute. »*

> *« Je suis content. J'avais peur de les saluer dans la main parce qu'ils vont me serrer. Je suis content. Je ne savais pas que je pouvais*

m'asseoir à côté des victimes, puis causer avec eux et puis s'entendre avec eux. Je suis en paix. »

Le face à face éveille chez le détenu le désir de pardonner et d'être pardonné.

Le groupe a écouté attentivement le détenu raconter son enfance malheureuse, comment sa propre victimisation l'a poussé au crime : l'un avait un père très dominateur qui l'étouffait, l'autre n'a pas eu l'affection d'unc vraie famille et a été mal aimé par ses éducateurs, tel autre a été abusé sexuellement. Il peut dire sa souffrance devant des personnes de la communauté envers qui il garde parfois beaucoup d'amertume. Lorsque qu'il entend, comme à la dernière rencontre, l'une d'elles lui demander pardon, à lui précisément, au nom de la personne qui l'a blessé, il est invité à se pardonner et à pardonner lui- même aux vrais responsables de ses tendances criminelles. De plus, dans un groupe où tout le monde se reconnaît comme être humain vulnérable et capable de criminalité, il est plus aisé d'admettre le pardon : de le recevoir et de le donner. Le détenu s'aperçoit rapidement que les personnes de la communauté ne sont pas toutes prêtes à se venger et à le rejeter. Il se laisse apprivoiser ainsi par cette société dont il redoute la stigmatisation, mais en même temps il perçoit mieux que son comportement était inacceptable dans une vie en société.

Y. a pu renouer avec sa famille paternelle qui l'avait rejeté après ses actes criminels :

« *Maintenant j'ai retrouvé une vraie famille, le fait d'aller chez moi. Parce que le problème c'est qu'ils avaient peur de moi. J'avais perdu espoir dans ma famille. C'est comme si je venais de naître dans ma famille. Je suis devenu comme un bébé que mon papa suit là. Il ne me croit pas encore. Il dit il va voir un an ou deux si j'ai vraiment changé d'avis, quoi* »

Côté victime, c'est aussi une renaissance du regard sur l'autre

Comme le détenu, la victime a eu à dépasser un certain nombre de murs qui lui bouchaient la vue, en particulier l'image irréelle qu'elle se faisait de l'offenseur. Or, les rencontres lui permettent de ***démystifier son agresseur.*** En effet c'est l'opportunité pour elle de laisser tomber les perceptions imaginaires qu'elle s'était forgée sur lui car elle a rencontré des agresseurs plus ou moins comme le sien, qui l'ont écoutée. Elle a entendu leurs réactions. Le fameux « *yako* » (de compassion) si libérateur venant d'un agresseur, a réveillé de son cauchemar B., victime secondaire de meurtre.

D'autres ont découvert aussi le contexte criminel dans lequel vivaient les agresseurs dans leur milieu et en prison. Elles ont pu percevoir la grande vulnérabilité de ces personnes incarcérées, et leur souffrance actuelle. Ce ne sont plus des horribles dominateurs irrécupérables, mais des personnes blessées qui cherchent à retrouver leur dignité d'êtres humains responsables. Les préjugés tombent, et la victime s'aperçoit que la ligne de démarcation entre délinquant et personne « irréprochable » qu'elle pensait être, est bien ténue. Si elle avait eu à vivre dans le contexte des détenus qu'elle écoute, elle serait peut-être, s, à l'intérieur des murs. Elle se sent invitée au pardon et le goût de la vengeance a définitivement disparu de chez elle.

Comme le dit l'une d'elles, « *la victime dépersonnalise le détenu comme le détenu dépersonnalise la victime* ». Celle-ci n'avait jamais franchi la porte d'une prison, et elle dit sa curiosité de connaître ce qui se passe derrière la clôture. Elle qui a pris la décision de ne plus se laisser dominer par l'image terrifiante de son agresseur, qu'elle est capable de décrire dans le détail, au moment de la première entrevue et à la troisième rencontre, veut vérifier qu'elle en est bien affranchie. Se trouver en face d'agresseurs réels autres que son propre agresseur, mais qui disent utiliser la même stratégie que lui dans leur hold-up, et les découvrir comme des personnes vulnérables, est propre à la confirmer dans sa décision. Quant à cette autre qui, au moment du hold-up, qu'elle a subi, ne voulait pas voir le visage de l'auteur, se trouve face à face avec des agresseurs semblables. Elle dit aux détenus : *« Si je n'avais pas ma foi, je vous haïrais tous, les gars ! »* Elle comprend qu'on ne fait pas un crime seulement pour la drogue comme elle l'imaginait, mais aussi pour avoir l'argent nécessaire à sa survie. Elle croyait qu'on était malade pour faire des actes pareils. Lorsqu'elle a avoué son explication imaginaire du crime, elle est aussitôt violemment rejetée par les détenus. Elle saisit qu'elle les a choqués et qu'elle se trompait vraiment. Ainsi, l'image que la victime se faisait de l'offenseur se transforme progressivement à la faveur de la rencontre et de la confrontation.

> *« J'ai aimé Mr B, il a souffert. Je ne le connais pas vraiment. Il est chauffeur de Warren et quand je monte dans sa voiture il ne me fait pas payer. Mais là, je ne savais pas qu'il a souffert autant. Je l'aime plus maintenant. C'est vrai que la première fois, quand je l'ai vu, je me suis posé des questions, mais là j'ai une nouvelle manière de le voir ; Mon regard a changé sur lui. »*

> *« Je suis content parce que je le vois comme un frère. Je n'ai pas pris le temps de l'étudier, c'est pourquoi j'étais en colère ; Mais maintenant c'est mon frère. »*

> *« J'avais peur. Mais j'ai vu que c'est quelque chose qui les a poussés ; Donc j'ai dit : je dois pardonner. »*

Il s'agit d'une opération-vérité. Les préjugés que les victimes pouvaient avoir sur les intentions des détenus tombent. Les victimes découvrent souvent que ce n'est pas elles précisément qui étaient visées, mais leurs biens, et qu'elles n'ont plus à craindre de représailles. Ainsi trouvent réponses les questions qui hantent souvent leur esprit : « Pourquoi moi ? », « reviendront-ils ? »[25] *Li,* qui depuis des années se demandait pourquoi son agresseur l'avait humiliée, mise à terre

[25] BARIL 1984, *L'envers du crime*, Montréal, Centre International de Criminologie comparée.

« inutilement » puisqu'il avait déjà pris l'argent de la caisse, entend *R.* lui faire comprendre que l'agresseur avait probablement aussi peur qu'elle, parce qu'il était identifié, et qu'il réaffirmait alors sa domination. Ainsi les perceptions imaginaires que les victimes peuvent avoir des intentions de l'agresseur font place à une compréhension des raisons de leur propre peur.

Après avoir vécu la session, deux détenus et une victime auraient aimé en savoir plus en rencontrant en face à face leur propre victime ou leur propre agresseur et arriver à une demande de pardon. Or, par différence avec la médiation pénale, le programme RDV ne permet pas d'aller jusqu'à une entente de réparation effective. Il est donc limité sur ce point, mais le cheminement qu'il permet est une préparation importante pour qui voudrait accéder à la médiation pénale interpersonnelle directe.
D'ailleurs, certains sont arrivés à une réconciliation réelle de leur propre initiative après la session. Par exemple, C. victime d'inceste a eu le courage de demander un rendez-vous avec son père pour lui exprimer ce qu'elle avait souffert de ses agissements.

Il faut rappeler aussi que beaucoup de victimes ne connaissent pas leur offenseur. De même, l'offenseur a souvent sévi dans des lieux plus ou moins inhabités où il espérait ne pas être repéré et il ne sait pas qui il a violenté.

Ceci étant dit, il s'agit bien de justice réparatrice, car on peut parler de réparation ou de restauration ou mieux encore de transformation des personnes elles-mêmes, et souvent de réconciliation avec l'entourage : les liens que le crime avait rompus sont de nouveau possibles. Cela suppose chez l'offenseur comme chez la victime un réveil de leur sens de la responsabilité personnelle.

- ***Renaître en responsabilité***

Renaître en responsabilité suppose chez l'agresseur comme chez la victime tout un travail de prise de conscience des effets du crime, et donc des blessures qui en ont été les conséquences ou parfois la cause. Cela suppose, comme nous venons de le voir, de sortir des phantasmes de l'imaginaire, des préjugés sur l'autre et enfin d'envisager l'avenir.

En ce qui concerne le détenu, le premier objectif du programme est de « l'aider à réaliser l'impact de ses actions sur les victimes ». Mais, comme un détenu a essayé de le faire comprendre au groupe, « *l'agresseur agit comme « gelé » quand il fait un coup. Il va droit au but et ne voit rien d'autre. Parfois il ne veut faire de mal à personne.* »

Il veut voler ou bien attaquer, emporté par la folie collective, par exemple à Duékoué pendant la guerre civile.

Le programme va aider le détenu à saisir qu'il est l'auteur d'un acte qui n'est pas seulement une infraction à la loi pour laquelle généralement il paie à la société, en faisant son temps d'emprisonnement ou de peine, mais que cet acte a porté atteinte à des personnes ou des groupes de personnes et a bouleversé leur vie. Il s'agit pour lui d'accéder à une prise de conscience parfois très pénible.

Ainsi le face à face avec les victimes aide le détenu à mieux comprendre la violence de son crime et à changer.

La rencontre des victimes lui fait ainsi découvrir ce qu'il a provoqué par ses actes criminels non seulement des dommages matériels et des blessures corporelles qu'il aurait tendance à minimiser en disant que les assurances paient, mais bien plus encore des offenses et blessures profondes faites à des personnes. Il constate que la vie de ses victimes est toute perturbée, et qu'elles restent des années avec des traumatismes psychologiques profonds. À constater l'émotion de la victime il perçoit que l'insignifiant pour lui est très important pour l'autre.

De plus, le détenu devient d'autant plus enclin à l'empathie qu'il est lui-même reconnu comme victime d'une enfance malheureuse ou de préjugés de la société. Accueilli comme être souffrant dans le groupe, il développe une compréhension affective des autres, parvient à mieux se comprendre lui-même en cherchant à se faire comprendre.

Cette prise de conscience est plus ou moins subite, ou intense. Les meurtriers condamnés à vingt-cinq ans de prison sont souvent plus avancés que les autres dans cette perception, comme si le souvenir d'avoir touché à une vie humaine, de voir le sang répandu, et les effets de leur violence faisaient franchir un seuil très significatif à leurs yeux. Marqués souvent profondément par les images de leur crime, les séances vont les aider à toucher leurs propres blessures et à en guérir.

A Duékoué, par exemple, dans l'entrevue préalable au programme, certains ex-combattants avouaient avoir commis des atrocités, et cherchaient à se justifier en disant : « *On n'avait pas le choix* », se construisant ainsi des défenses intérieures.

La rencontre des victimes a fait tomber ces excuses et leur a ouvert les yeux. Quant à ceux qui considéraient seulement le butin d'un vol, et en étaient restés, avant les premières rencontres, à dire que ces crimes ne voulaient faire de mal à personne, ils ont compris, en écoutant les victimes, de quelle gravité étaient les conséquences de leur pratique. Les victimes concrètes, en chair et en os, face à eux, leur faisaient comprendre le mal et la perturbation qu'ils avaient provoquée dans leur vie depuis le crime. C'était comme une action thérapeutique au deuxième degré, brisant chez eux plusieurs de leurs résistances au changement.

Le deuxième objectif du programme concernant le détenu est alors réalisé : l'encourager à abandonner des actions destructrices.

Bien plus, le programme veut aider à chercher et trouver quelque chose de nouveau. Or la rencontre a permis d'ouvrir la voie à une certaine guérison par un processus de réparation. En écoutant B. raconter qu'il lui a fallu dix ans pour se décider à ne plus être obsédée par les images envoûtantes de son agression qui s'agitaient dans son imaginaire, le détenu peut saisir qu'il était lui-même esclave d'un environnement destructeur ; il lui est possible, comme elle, de décider de rompre avec ses leaders criminels, de prendre sa liberté vis-à-vis d'eux.

Il est aussi encouragé à décider de travailler à se libérer de sa dépendance alcoolique, narcotique ou sexuelle.

Une autre résistance à la reconnaissance de leur responsabilité chez les offenseurs est cette petite phrase qui revient souvent dans leurs propos : « *c'est à cause* », « *c'est à cause* ». Défilent alors toutes sortes de raisons socio- économiques qui conduisent parfois l'offenseur à voler ou à agresser. R. parle de la faim, L. de la nécessité de payer un appartement parce qu'il était « fatigué » de demander à des gens de l'héberger ou de coucher dans la rue. R. dit devoir trouver l'argent nécessaire à s'acheter les vêtements à la mode pour ne pas dépareiller dans son groupe de copains, ou plus tard pour payer ses études et faire vivre sa petite famille naissante : autant de paravents que les agresseurs déplient pour préserver leur image devant des personnes de la communauté et obtenir leur compassion.

Or, le RDV fait apparaître que ces besoins à assouvir, réels sans doute, n'ont aucune commune mesure avec le traumatisme provoqué chez les personnes qui viennent de prendre chair devant eux et souffrent encore. Plusieurs saisissent que ces raisons ne tiennent pas.

En effet, le détenu présuppose souvent que la question-clé des victimes est : « *Pourquoi as-tu fait cela ?* Il s'empresse d'y répondre en faisant état de toutes les circonstances atténuantes, difficultés de la vie, carences de son éducation qui l'ont poussé au crime. Il présente cela *comme une* nécessité : « *On n'avait pas le choix.* »

Concluons donc que, pour tous les détenus, la confrontation et les échanges avec les victimes dans un climat de confiance sont devenus les conditions d'une prise de conscience au deuxième degré de la responsabilité de leurs actes : responsabilité d'avoir blessé et d'être capables désormais de gérer davantage leur impulsivité et leur avidité.

Cet accès à la responsabilité apparaît aussi chez la victime, mais d'une autre manière.

Pour la victime ***r***enaître à la responsabilité consiste d'abord à se libérer de la culpabilité qui fait partie de son mal-être.

Un obstacle à la responsabilité est la honte ou un certain sentiment de culpabilité qui a bloqué la parole et laissé non guéries des blessures enfouies.

B. a exprimé qu'elle attendait : la libération de la honte d'être victime, car les gens pensent que c'est de sa faute. Or, son récit du hold-up, a fait surgir des souvenirs enterrés depuis longtemps dans son subconscient. Ce travail de déterrement du souvenir de plusieurs viols très anciens a été pénible pour elle et a suscité une forte émotivité, voire une accentuation de la souffrance, mais il s'est révélé cathartique, capable de conduire à une guérison, parce que réalisé dans un climat de compassion et d'entraide mutuelle. Elle a mieux compris les viols qu'elle a vécus. Elle a osé, comme elle l'explique elle- même, soulever ce fameux « couvercle » qu'elle avait mis sur la poubelle où elle croyait avoir enfermé hermétiquement la honte.

Parce qu'on lui donne la parole, la victime fait donc elle-même le diagnostic de son existence blessée et se libère de sa culpabilité ou de son goût de mort. Le groupe pour cela joue un rôle important :

Faire la vérité sur sa blessure

Un des obstacles à dépasser pour accéder à la responsabilité et préalablement à la guérison est ce que les victimologues appellent le déni et le mutisme dans lesquels se réfugie la victime :

> « *Les premiers temps du traumatisme confrontent l'être à l'indicible et à la mort. La mise en mots ou en représentations s'avère parfois impossible dans un premier temps*[26]*.* »

> « *Je voyais les choses et je ne voulais pas croire.* » (V.de vol chez lui)

Li nous a expliqué qu'elle a attendu sept ans avant de se décider à se faire aider, voulant étouffer son traumatisme, en se persuadant que ce n'était rien et qu'elle était capable de porter cela, comme le lui demandait d'ailleurs la pression sociale. Stimulée par le récit des autres victimes en groupe, la personne voit que son affaire n'est pas un cas exceptionnel, elle découvre que le petit détail, qu'elle pensait insignifiant aux yeux de l'entourage, était ce qui la faisait le plus souffrir parce qu'il était porteur d'une signification insoupçonnée. Ainsi pour P., l'anneau de sa mère dont la seule évocation en public déclenche chez elle des larmes incontrôlables en est un exemple. Le groupe a donc une importance capitale dans ce travail de compréhension des violations causées par le crime, qui conduit à une libération des charges émotives destructrices. On peut en conclure que l'un des objectifs du programme pour les victimes est atteint : les aider à se défaire d'un sens possible d'insécurité, de crainte et de colère.

Nommer ses blessures devant les autres

Avoir à faire comprendre à des agresseurs le mal qui pèse sur elles oblige les victimes à identifier dans le détail les éléments de leur

[26] C. DANIANI, *Les victimes. Violences publiques et crimes privés*, Ed. Bayard, Paris, 1997, p. 217.

victimisation. Elles doivent trouver les mots justes pour nommer leurs blessures. Cette objectivation chargée d'émotion a un effet purificateur et thérapeutique lorsqu'on évoque un événement traumatique, et que celui-ci trouve écho dans l'écoute d'un autre. On pense à ce qu'écrit Daniani :

> *« La parole prend en charge la scène traumatique et les émotions qui lui sont rattachées afin d'en déconnecter l'affect. Cependant la parole n'est pas en soi suffisante : elle doit trouver écho dans une écoute réparatrice.*[27] *»*

Dans le dialogue, la charge affective est forte et permet à chacun de s'engager par lui-même sur la voie du changement personnel : prise de conscience et libération. C'est d'ailleurs ce terme de libération qui revient le plus souvent dans la bouche des victimes lors de l'évaluation. Les interactions permettent aux uns et aux autres de comprendre ce qui s'est passé pour eux et pour les autres, et de se comprendre de plus en plus, à mesure que le temps de la session se déroule, même si la lumière est brutale parfois et fait mal. Il ne s'agit pas d'une justice douce.

Les victimes ont pu dire ce qui les affligeait le plus : la perte de leur sécurité, le déséquilibre de leur vie perturbée par la peur et la colère, la violation de leur intimité et le fait de se faire dominer complètement par un autre. D'autres telles les victimes d'inceste ou de viol parlent de désintégration de leur personnalité qui leur avait fait perdre les repères de leur responsabilité. Le dialogue va leur permettre d'objectiver ces dommages subis qui entravent leur vie quotidienne. Or, on ne peut soigner une blessure tant qu'on la cache

---

[27] C. DANIANI, *Les victimes. Violences publiques et crimes privés*, Ed. Bayard, Paris, 1997

Je me souviens d'une victime d'inceste disant :

> *« C'est la première fois que je peux enfin mettre les choses sur la table. J'étais devenue une femme soumise, incapable de dire non. »*

Une autre, qui depuis 36 ans s'était enfermée dans le mutisme, décharge brusquement sa colère en regardant un pédophile en face d'elle et lui demande *: « Est-ce que tu acceptes que je t'appelle 'chien sale' ? »,* et l'autre de répondre à sa grande surprise : *« je suis là pour ça.. »*

Cette femme abusée toute son enfance par son père a eu le courage, à la fin de la session de téléphoner à celui-ci pour un rendez-vous d'explication. Après plusieurs refus et dénis, le père incestueux a accepté. Ce fut une libération pour l'un et l'autre. Comme on l'a vu plus haut, la transformation de cette femme, même physique, fut telle que ses collègues de travail s'en étonnèrent. Bref, la victime se remet debout, retrouve sa dignité et la confiance en soi, tout en se libérant de la représentation mythique du monstre qui habitait son imaginaire durant tant d'années. Elle peut désormais mettre des mots sur le malaise qui la paralysait.

P. a dû faire tomber le masque de défense derrière lequel elle protégeait son personnage blessé. De la froideur, elle est passée à l'agressivité, puis après avoir déchargé sa colère, elle a été à même de parler de ce qui la touchait le plus : le deuil de sa mère à travers le seul souvenir qu'elle gardait d'elle et qui lui avait été volé. L'identification de sa souffrance livrée au grand jour, à un public de personnes qu'elle dit haïr, et l'expérience de l'affrontement, deviennent pour elle libératrices. A la première rencontre, elle a été touchée, dit-elle, d'entendre S. montrer les dégâts causés par l'abus de pouvoir et ainsi manifester sa vulnérabilité. Cela lui redonnait de l'assurance pour s'exprimer. A la deuxième rencontre, elle est sortie *« libérée de la peur, guérie »* comme elle le dit elle-même parce qu'elle a pu prendre longuement la parole. A l'agressivité a succédé une crise de larmes qui l'a surprise elle-même, comme si un abcès de colère accumulée s'était soudain vidé, et elle pouvait dire : *« Ce soir, j'ai perdu beaucoup de plumes ».* A sa stupéfaction, sa parole est tombée dans un champ d'écoute particulièrement compatissant pour cette peine qu'elle n'arrivait plus à cacher. Aussi à la troisième rencontre, a-t-elle été capable d'objectiver encore davantage sa situation en déclarant calmement : *« C'est seulement une brisure d'amour, le crime. »*

Li a su décrire avec justesse son sentiment d'humiliation qu'éprouve une victime mise à terre et braquée par un agresseur, *« de descendre à zéro »*. Quant au problème des viols qu'elle laissait supposer, elle voulait voir en participant au groupe si « ces *squelettes qu'elle avait mis au placard »* étaient bien anéantis par sa décision de ne plus se faire dominer par eux.

Les Rencontres Détenus Victimes donnent donc aux victimes l'occasion d'ouvrir la cellule de solitude dans laquelle la société et l'entourage les enferment souvent, en se désintéressant de ce qui réellement les afflige. Ce qu'elles racontent paraît souvent ridicule à qui n'en a pas eu l'expérience. *« On a chacune nos prisons »,* constate Li en rejoignant l'expérience des détenus, *« j'ai l'impression en les écoutant que moi aussi pendant des années j'ai fait du temps en prison.* »

Donc, dans cette démarche de libération, le groupe est un stimulant important. Devant la communauté il est possible de dire sa peine, de découvrir que les autres aussi ont des blessures semblables à la sienne et d'entendre comment ils cherchent à les guérir.

3. Réparer

- ***Comment se produit la réparation ?***

Peut-on l'expliquer ? Que se passe-t-il pour que le dialogue permette une réparation ?

Lorsque les participants du RDV ROV font l'évaluation des effets du programme, le mot « libération » revient donc fréquemment et spontanément pour qualifier l'état dans lequel ils se trouvent. Peut-on analyser comment se fait cette libération ? Quelles en sont les étapes ? La psychanalyste M. Klein[28] donne quelques clés de lecture de ce qui se passe.

Tout d'abord, celle-ci explique les comportements adultes par les turbulences de la petite enfance. Or, selon le récit de beaucoup de détenus rencontrés, le point de départ de la criminalité est cette enfance meurtrie dont ils se souviennent et dont ils paient le prix à l'âge adulte. Pour M. Klein, à la petite enfance, le bébé trouve en sa maman une bonne mère, un *bon sein*, une source inépuisable de vie et de bonheur pour laquelle il n'a que ce qu'on peut appeler *gratitude*. Or, la réalité de la vie fait apparaître à l'enfant quelques failles chez cette bonne mère. Elle n'est pas toujours là pour satisfaire ses instincts et elle a parfois le visage d'une mauvaise mère. *L'avidité* ou la faim de se nourrir de sa mère rencontre donc nécessairement toutes sortes de frustrations. L'avidité se meut alors en « *envie* » au sens fort. La gratitude pour la vie donnée se transforme en revendication, en révolte, voire en haine à l'égard de celui ou de celle qui ne donne pas tout. Au lieu de l'amour, c'est l'agressivité qui se déchaîne. Les pulsions de mort, les tendances destructrices se donnent libre cours, le désir

[28] M. KLEIN et J. RIVIERE, *L'amour, la culpabilité et le besoin de réparation*, éd. Payot, Paris, 1968.

inconscient de « mettre à mal » celle qui est devenue source de souffrance et de déception, et non plus la mère, source de vie.

Mais détruire celle qui donne vie engendre nécessairement de la culpabilité : on se sent en quelque sorte responsable à la fois du malheur de l'autre et de son propre malheur. Tous ces sentiments inconscients sont la violence à l'âge adulte. Frustré à longueur de temps, écrasé par un père autoritaire ou une mère brutale, l'enfant puis l'adolescent emmagasinent l'envie. À l'âge adulte, S. raconte qu'il se décharge dans un ouragan de volonté de puissance sur tout, et notamment sur les femmes, avec en main l'arme de la destruction, son poignard ou son fusil de chasse s'il est combattant improvisé. Pourquoi en avoir parlé devant des inconnus au tout début de la première rencontre, sinon parce qu'il avait déjà expérimenté que la parole était libératrice si elle s'adresse à qui est prêt à l'entendre dans un accord tacite de mutualité ? N'était-il pas en quête d'un nouveau « *bon sein* » maternel pour panser ses plaies ? Le groupe pouvait-il en tenir lieu ? Il dit, après l'expérience, qu'il a trouvé la paix dans le groupe, des femmes pour l'accueillir. En même temps Klein poursuit son analyse en disant :

> *« Dans l'inconscient de l'enfant et de l'adulte, à côté de pulsions destructrices, il existe un besoin profond de se sacrifier afin d'aider et de réparer les personnes aimées auxquelles on a fait du mal. »*[29]

Ce besoin de réparer se fait par étapes : d'abord une certaine ***décentration* de soi.** Cesser de projeter sur l'autre ce que l'on méconnaît en soi-même, mais plutôt se dire : mon acte est devant moi et il est grave, il m'appartient. Il est devant moi comme cette victime est devant moi, avec sa blessure produite par un acte semblable au mien. Mon crime n'est plus seulement l'aboutissement automatique de tout un processus. Je suis acculé à reconnaître, à cause du groupe qui me regarde et me demande d'exprimer les détails des faits, que c'est bien

[29] M. KLEIN et J. RIVIERE, *L'amour, la culpabilité et le besoin de réparation,* éd. Payot, Paris, 1968, p. 86.

moi qui l'ai commis. Et je peux le faire parce que je suis en confiance. Je ne suis pas jugé, je sens qu'on ne veut pas m'écraser mais m'aider à être moi-même, responsable des conséquences de mes actes.

L. qui évoquait son enfance « enfermée et brutalisée » par un père alcoolique et souffrait d'avoir été contraint de s'enfermer lui-même, montrait combien il était important d'avoir les victimes, « comme un miroir ». Il me dit *: « Je me suis créé un monde moi-même. Je viens de comprendre ça en parlant avec toi ».* Il reconnaît alors : *« J'ai battu du monde pour rien. La violence c'est moi ».* Ainsi le groupe a permis cette « décentration ». *R.* aussi cesse de projeter la responsabilité sur ses parents et sans se culpabiliser, il se sent responsable. Il peut passer à la deuxième étape du processus de libération appelée « guérison » par la psychanalyste.

Selon M. Klein, un deuxième temps semble contraire au premier, mais en est pourtant complémentaire : c'est une certaine ***identification à un autre,*** la possibilité de se mettre jusqu'à un certain point « à la place de l'autre ». Leur propre expérience de victimisation renforçait cette identification chez plusieurs détenus. Ils ont exprimé que cette empathie pour les victimes était nouvellement devenue possible pour eux.

La porte est alors ouverte sur la ***compassion :*** souffrir de ce que l'autre souffre, ressentir le mal qu'on lui fait, chercher à l'aider, et lui manifester amour et bienveillance. L. par exemple encourageait Pi à dire sa rage et, à la pause, lui manifestait beaucoup de tendresse en lui mettant le bras autour du cou lorsque les larmes la submergeaient. Cette compassion peut prendre la forme d'un besoin de se sacrifier pour réparer.

La logique de la ***réparation*** aboutit à un double résultat : en réparant ainsi l'offense qu'on a causée à la victime, on devient par là même « son propre bienfaiteur » et on retrouve le droit d'être aimé par lui et d'obtenir ses bienfaits. C'est un peu le sens des cadeaux offerts aux victimes, objets symboliques à forte valeur sentimentale. Revu plusieurs semaines après les rencontres, K. me disait combien il était fier d'avoir pu aider les victimes. Chaque jour, les petits cadeaux de celles-ci qu'il avait reçus le dernier soir étaient soigneusement gardés dans ses affaires, ils étaient devenus un stimulant à la confiance en lui et à la responsabilité.

Ainsi progressivement se trouver en face de victimes réelles qui reconnaissent comme importantes les excuses alléguées par les détenus, mais qui appellent à les dépasser, provoque le détenu à une ***décentration.***

En même temps, ces victimes faisaient sentir leur souffrance, semblable à celle de leur propre victime. Cette identification permettait d'aboutir pour eux à la compassion. Or, cette compassion n'était pas à sens unique. Un détenu, par exemple, a pu entendre à la 5e rencontre une victime prendre acte de sa victimisation à lui, celle de son enfance notamment. Il a entendu le substitut de son agresseur (parent violent, société raciste, famille qui l'a jeté à la rue…) lui demander pardon. Il a été ainsi invité à se pardonner et à pardonner lui-même à ceux qu'il accusait d'être les vrais responsables de ses tendances criminelles.

Ajoutons que dans un groupe où tous les participants sont, à des degrés divers, prêts à se reconnaître des délinquants potentiels, il est plus aisé de faire naître le désir d'être pardonné et de se pardonner.

Naturellement ce constat de guérison serait à moduler selon les individus. Le RDV aide donc le détenu à ***« trouver le renouveau »*** dont il est le seul juge, car, du côté de l'observateur comme de celui des autres participants, l'appréciation est nécessairement partielle et partiale. Il semble tout de même qu'on puisse parler de changement authentique que certains agents judiciaires, tel un juge d'application des peines, reconnaissent avec étonnement après la démarche.

Pour les victimes, les concepts de Klein[30] peuvent s'appliquer aussi au processus de **leur guérison ou libération**. Il y eut un temps de ***décentration,*** tout au cours du processus, qui consistait pour les

---

30 M. KLEIN et J. RIVIERE, *L'amour, la culpabilité et le besoin de réparation*, Paris, éd. Payot, 1968.

victimes à se mettre en face de leurs blessures pour les comprendre, et les objectiver dans des mots, les nommer. Elles sont parfois un peu timides pour exprimer cela devant un public d'hommes et de femmes mélangés. Elles aussi veulent refouler le mauvais. C'est pénible de dire timides pour exprimer cela devant un public d'hommes et de femmes mélangés. Elles aussi veulent refouler le mauvais. C'est pénible de dire à un offenseur sans l'accuser : « *Tiens, quand tu as fait ça, voilà ce que j'ai vécu. Les conséquences, elles sont de toi* ».

Après ce temps de décentration, est venue l'étape de ***l'identification***, la capacité de se mettre à la place de l'autre. C'est tout un défi à relever quand on est victime et que l'autre fait partie des adversaires comme agresseur. Pourtant les victimes ont souvent manifesté aussi avec compassion qu'elles comprenaient la souffrance des détenus, leur solitude, leur souffrance à la prison, mais aussi les efforts que les uns et les autres faisaient pour s'en sortir et pour travailler sur leur caractère. Elles ont entendu les raisons qui poussent à voler et elles y ont fait écho dans leurs demandes de pardon, faites aux détenus à la 5e rencontre. Elles ont découvert qu'ils sont des êtres humains comme elles. Ils ont « un gros cœur », dit P. qui, au début des rencontres, n'était pas spontanément portée à la tendresse et recommandait plutôt « qu'ils paient ! » Elles ont perçu, avec finesse et de façon différente, la personnalité de chaque détenu non seulement à travers ses paroles, mais aussi le non-dit de ses attitudes ; ce qui suppose décentration de soi et identification à l'autre. Ainsi les victimes ont montré qu'elles n'étaient pas enfermées dans leur univers de souffrance, mais qu'elles s'intéressaient attentivement à leurs interlocuteurs.

Leur identification va plus loin. En entendant les détenus montrer ce qui les a poussés à vivre dans la criminalité, par exemple le goût du pouvoir, la vengeance, la recherche de l'argent à tout prix, la victime découvre aussi en elle-même tout un potentiel de délinquance. Dès la troisième séance le groupe constatait que la frontière entre les deux catégories, victimes et détenus, s'estompait de plus en plus au point que ces catégories n'avaient plus de raison d'être : « l*e fil était fin entre les deux* », dit Li.

Ainsi l'objectif du programme qui consiste à « aider à reconnaître que, d'une certaine façon, nous sommes tous des agresseurs » trouve bien son illustration dans les groupes. De la prise de conscience de ce que vit l'autre, naissent la tolérance et le goût de pardonner.

La victime passe alors au troisième temps du processus de guérison : **la *compassion.*** L'harmonie devient alors ouverture à une réconciliation possible des deux groupes qui au départ étaient antagonistes, un pardon mutuel. Ce pardon qui figurait parmi les attentes de plusieurs à la première rencontre de la démarche a dépassé le stade d'une concession ou d'un don fait à l'autre, il a été libération et réconciliation avec soi-même. Un participant l'explique ainsi : *« Quand l'autre te demande pardon, c'est sûr que ça libère, ça te réconcilie avec l'autre qui est là... Même si c'est symbolique ».*

Cependant la libération est plus ou moins effective selon les personnes et selon la date de leur victimisation. Chaque victime est unique parce qu'elle ressent son traumatisme d'une façon personnelle et dans une durée spécifique à chacune. L'impact du programme prend des formes diverses selon chaque personne. Il faut souvent du temps et l'attention de l'animateur, comme l'écrit encore la victimologue C. Daniani[31] :

> *« Il faut prêter une attention particulière aux personnes qui nient ou mettent à distance tout affect en affichant une feinte indifférence... Ces « tout va bien » derrière lesquels la souffrance se réfugie. »*

Quant à *Li,* dont les hold-up datent de dix ans, il lui a fallu toutes ces années pour considérer sa vie en spectatrice. Elle dit qu'après les rencontres, dans le calme du soir, durant son trajet de retour, les émotions remontaient, mais que les RDV ont dépassé ses attentes, sans doute parce qu'elle avait le sentiment d'atteindre le terme d'un long cheminement de guérison. Pourtant, à l'évaluation finale, elle est déçue

[31] DANIANI, *Les victimes. Violences publiques et crimes privés*, Paris ; éd. Bayard, 1997, p. 219.

d'avoir à arrêter la démarche au moment où une relation de confiance est établie. Est-ce parce qu'elle a le sentiment que tout n'est pas réglé pour elle, comme le pense son voisin de table, parce qu'elle n'a fait qu'évoquer ses trois viols, ou bien est-ce par souci de faire progresser celui-là même dans sa prise de conscience ? La réponse lui appartient. En tout cas les autres participants ont apprécié sa liberté de parole. Finalement elle a décidé de ne plus être sous le joug imaginaire de ses anciens agresseurs, et de donner ses énergies à autre chose. À la dernière rencontre tous ont été saisis aussi par la force avec laquelle elle a affirmé : *« On a vécu la paix »*. Elle y a ajouté une demande de bénédiction, signe de réconciliation symbolique avec son père.

Par différence avec les autres victimes, l'une d'elles, A. ne semble pas encore guérie du tout. En effet, elle n'est pas libérée de ses émotions douloureuses au point de ne plus pouvoir maîtriser ses larmes. Sa souffrance tout au cours du processus a ému le groupe, et son émotivité semblait, à certains, être une sorte de jeu inconscient qui l'enfermait de plus en plus dans sa douleur, ce qui les a agacés. Ils ne savaient pas qu'il s'agissait d'une sorte de gestation dont elle souffrait et dont elle attendait la délivrance en soupirant, comme pour un accouchement douloureux de victimisations très nombreuses et très anciennes. Elle me l'a ensuite confié : il s'agissait de onze viols enfouis dans l'oubli, datant de sa petite enfance et de sa jeunesse, alors qu'elle a 60 ans maintenant.

Faut-il penser que le programme risque de re-victimiser les victimes ? Ce n'est pas du tout son avis en tout cas. Elle est consciente qu'à travers ses réactions négatives qu'elle regrette, mais qui la submergeaient, *« un temps nouveau s'en vient »*, comme elle dit. En effet, quelques semaines après, elle m'affirme que son cheminement progresse vers non seulement une compréhension des crimes antérieurs, mais aussi vers une guérison, puisque la démarche l'a poussée à se faire aider par une psychologue. Elle avait besoin d'un temps beaucoup plus long de guérison et d'une thérapie particulièrement adaptée à son cas. Elle prend les moyens de s'en sortir. Elle acquiert des aptitudes nouvelles comme celle d'apprendre à dire non, de rencontrer des hommes et de se laisser toucher physiquement par eux, de s'exercer à retourner sur le lieu du hold-up progressivement ; elle dit qu'elle sait désormais comment se défendre face à de nouvelles attaques. Bref s'éveille en elle cette créativité dont parle le psychanalyste *Ferenczi*[32]en parlant du traumatisme :

> *« Il est fréquent qu'un choc, une détresse extrême et surtout une angoisse de mort semblent avoir le pouvoir d'éveiller et d'activer soudainement des dispositions latentes, non encore investies qui attendaient leur maturation en toute quiétude. »*

C'est sans doute ce qui a dynamisé Mariam à Duékoué :

> *« Depuis votre formation, je me suis inscrite au cours du soir. Mes filles se moquent de moi. Je suis au CP1. Ça ne me fait rien. Je continue parce que je veux connaître des choses. »*

- ***Le changement est-il authentique ?***

Certes on peut toujours s'interroger sur l'authenticité des participants au RDV. D. Shantz, aumônier de prison, me faisait remarquer que l'authenticité est un concept très relatif qui n'est pas quantifiable :

> *« La vérité c'est plutôt la compréhension que tu as d'un vécu selon la meilleure façon dont tu peux te souvenir de tes actions et tu es franc dans ce que tu dis de la meilleure façon selon tes facultés... Quand je parle avec les gars, je dis : « Écoute, si tu veux m'impressionner pour que je pense du bien de toi, c'est toi qui vas être perdant. Tout ce qui dans ces réunions sera salutaire dépend de toi et sera pour toi, pas pour les autres. »*

D'après lui si certains détenus camouflent parfois une partie de leur vécu, ils ne mentent pas, ils omettent une partie de l'histoire. Quand on voit certains brusquement cacher quelque chose et changer de sujet, parce que c'est gênant, c'est pénible. Il poursuit :

---

[32] Cité par LOPEZ et BORNSTEIN, *Victimologie clinique,* Maloine, Paris, 1995.

« Dans les rencontres, le détenu a eu l'occasion dans la sécurité de ce groupe de parler de ses hontes, et c'est quand la honte dans un sens est mise à jour, 'me voici vulnérable, tel que je suis', que cela conduit à une guérison. Parfois le détenu peut repartir dans sa cellule en disant : 'J'avais l'occasion de dire ça. J'ai manqué mon coup. Je voulais le dire mais j'ai manqué de courage. La prochaine fois je vais le dire. »

La durée du programme peut donc jouer sur l'authenticité. L'authenticité dans l'expression qui permet la transformation est donc aussi très dépendante du climat de confiance qui met du temps à s'établir. En effet, il est souvent plus difficile aux jeunes de s'exprimer clairement devant les vieux.

Un autre élément aurait pu constituer un obstacle à l'authenticité : la méfiance qui règne à l'intérieur de la MACA entre détenus, comme dans d'autres prisons. Plusieurs d'entre eux en ont parlé : la peur que *« quelqu'un se serve de ce que tu dis comme arme contre toi »*. C'est vrai aussi quand le ROV a lieu hors d'un lieu de détention, en milieu ouvert, comme en quartier ou dans la petite ville de Duékoué où tout le monde se côtoie et croit connaître l'autre. Mais la confidentialité bien tenue par tous a paré au risque. D'ailleurs, personne n'avait intérêt à la trahir. De fait, c'est la satisfaction que les participants expriment en dernière rencontre du RDV ou du ROV.

Nous pouvons conclure que le programme a manifesté son efficacité pour obtenir un changement chez l'offenseur.

Des collaborateurs visiteurs de la MACA et la psychologue Hortense Kanga qui a gardé le contact avec les participants du RDV, m'ont confié leur grande satisfaction quant au changement qu'ils ont perçu pendant et après la session chez les détenus, puisqu'ils les revoient régulièrement : *« Je crois que les résultats sont très positifs et chacun a eu l'occasion d'apprendre d'une autre personne... »*

De même, nous l'avons vu, l'objectif du programme concernant les victimes a été réalisé. La guérison a pu prendre place. Le RDV est un lieu où, en toute sécurité, la victime peut s'exprimer, chercher à identifier ses blessures jusque dans les zones cachées de son histoire et être écoutée sans qu'un jugement ne vienne entraver sa libération psychologique, car l'écoute fait partie d'une sorte de contrat implicite entre les membres du groupe. En outre devant des personnes qu'elle découvre vulnérables, victimes elles aussi, et non plus terrifiantes et dominatrices, la victime peut montrer ses blessures et les guérir. Parfois, plusieurs années après les événements, la cassette tourne encore dans ta tête. La victime qui ne sait à qui parler est frustrée et sa frustration devient colère ; elle a besoin d'un lieu ou de quelqu'un sur qui jeter sa colère en sécurité, sinon c'est souvent quelqu'un de faible de son entourage qui en fait les frais.

Or le groupe peut être ce lieu où elle a pu goûter la paix. Ce mot revient souvent dans les témoignages de Duékoué. Le climat de confiance et de bienveillance du groupe, ainsi que la franchise de certains offenseurs sur leur passé stimulaient les victimes à aller à l'essentiel. C'est d'autant plus admirable que, culturellement, il est plutôt inhabituel de parler de soi et de livrer sa vie intime

CHAPITRE VI

LES EFFETS DU ROV/RDV SUR LA SOCIÉTÉ

1. Le rdv contribue à l'harmonie sociale

La démarche du RDV qui se veut une démarche de paix sociale a encore pour objectif d'aider à briser des perceptions que les victimes et les offenseurs ont les uns des autres et ainsi permettre une meilleure compréhension entre eux. Nous avons vu comment peuvent disparaître les images préétablies, les idées toutes faites que chacun porte sur l'autre, souvent produits de l'imaginaire familial ou ethnique, surtout en temps de guerre civile comme à Duékoué.

R. Girard[33]analysant le phénomène de la violence dans une communauté humaine, nous apprend qu'une société se prémunit d'un danger ou s'en libère en trouvant en son sein un bouc émissaire.

Or à sa suite Rod Carter[34] constate :

> *« Parfois les délinquants peuvent facilement devenir les boucs émissaires d'une communauté qui désire décharger sur ceux qui ont attaqué sa structure un châtiment « illimité ». L'appel au châtiment « exagéré » que l'on entend dans certains quartiers représente bien souvent le désir de décharger sur le délinquant les maux dont la communauté est atteinte. Les gouvernements eux-mêmes peuvent parfois agir ou être perçus comme agissant*

---

[33] R GIRARD *La violence et le sacré,* 1972 (ISBN 26253603738-9) et *Le bouc émissaire,* 1982 (ISBN2-253-03738 9).
[34] Rod CARTER *Les racines de la violence et l'ombre du transfert.* Programme de justice réparatrice Université Queen's Module 3 in Petit manuel de *justice réparatrice,* Gouvernement du Canada, 2015.

de façon à marginaliser, au nom de l'ensemble de la société, certains segments de la population, comme les délinquants. »

Sans en venir à l'exclusion radicale, la communauté peut entretenir des préjugés toxiques contre des personnes ou des catégories de personnes. Tous ces éléments embrouillent souvent la vie ensemble, en compromettant la paix sociale. On sait que la perception englobe non seulement les paroles mais aussi les regards, les sons, les mimiques et attitudes, les touchers, voire les vibrations quand, par exemple, on parle d'une ambiance que nous « ressentons ». Nous avons vu plus haut comment des transformations ont pu avoir lieu, dans les groupes, du fait du changement de regard des autres, et grâce au climat de confiance qui s'est peu à peu installé, déjà durant la formation préalable et ensuite dans les séances de face à face entre offenseurs et victimes.

C'est pourquoi le dernier objectif, l'élaboration d'une certaine harmonie sociale entre agresseurs et victimes, s'est réalisée d'une façon significative. Au cours du processus, les catégories s'effaçaient progressivement. Les détenus se rappelaient qu'ils avaient été victimes et les victimes se demandaient si, mises dans des conditions analogues à celles que les détenus avaient racontées, elles ne se seraient pas elles aussi retrouver derrière les barreaux, tout en constatant que dans la société survivait une délinquance polie et « légale ».

Enfin victimes et détenus se reconnaissaient mutuellement dans leur souffrance : les uns faisant leur temps entre les murs, les autres faisant leur temps souvent dans la prison de la haine ou de la douleur de leur traumatisme. Une compréhension mutuelle s'opérait, qui très souvent prenait l'allure d'une entraide dans la poursuite des objectifs du programme.

On pourrait comparer le groupe à une sorte de « sein maternel » chaleureux où une « re-naissance » devient possible : renaissance de la confiance en soi et à l'ouverture à l'autre. Ce que Lopez[35] remarque à propos des groupes de parole :

---

[35] LOPEZ & BORNSTEIN, *Victimologie clinique.* Maloine, Paris, 1995.

Les temps de parole permettent aux victimes d'exposer leurs difficultés, mais aussi de prendre corps dans le groupe, métaphore du corps si souvent désinvesti (ou surinvesti) après une agression

Si chaque participant du groupe est unique, si le respect que chacun trouve dans le groupe qui l'écoute lui permet d'être lui-même et de progresser dans cette vérité qui rend libre, on peut dire que le partage a fait naître une conscience commune qui s'est traduite d'une façon très spécifique dans la cinquième rencontre. Les mots de paix, d'harmonie et de compréhension mutuelle sont revenus dans la plupart des témoignages, et plusieurs auraient voulu parfaire cette communication par de nouvelles rencontres pour que tous les problèmes soient réglés.

De plus, le rôle de la communauté est capital pour la justice réparatrice. L'expérience de Duékoué a montré comment une communauté a tenté de prendre en charge sa propre réconciliation. L'engagement des dix-huit responsables de groupes déjà actifs avant l'expérience, a été capital.

Ils l'ont organisée, ont assuré l'information auprès des leurs, et les ont soutenus tout au cours du processus, tant comme animateurs de petits groupes pour la formation préparatoire, que comme personnes représentant la communauté tout au long des rencontres entre offenseurs et victimes. Ils restent par la suite les veilleurs de la solidité de cette reconstruction sociale amorcée.

Est-il possible d'assurer que cette expérience continuera à porter des fruits dans la durée ? Du côté offenseurs, le programme est-il un frein à la récidive ? Il faudrait des études ultérieures pour le dire. Mais les contacts que j'ai pu avoir avec ex-détenus ou détenus encore, qui ont participé à une session RDV m'ont montré qu'ils étaient devenus des citoyens responsables dans une vie de travail, ou encore actifs auprès des autres dans la prison lorsque leur peine se poursuit. La psychologue assure bénévolement un suivi et en est témoin.

Du côté des victimes, un fait est révélateur : une dizaine de celles qui avaient participé au RDV de la MACA, retrouvant leurs forces et leur goût de vivre, ont demandé d'être aidées financièrement à monter un petit projet économique leur permettant de faire vivre désormais leur famille. Leurs projets très documentés ont été transmis à la CODARIV en 2015, mais leurs demandes n'ont pas eu la chance d'être retenues jusqu'alors.

Au niveau de la communauté de Duékoué, beaucoup de préjugés étaient tombés, et l'esprit de vengeance s'était éteint chez les victimes. Par cette harmonie ébauchée, le programme pouvait combler les attentes des participants. Plusieurs ont même dit que leurs attentes avaient été dépassées.

Tel un prototype miniature d'un groupe démocratique, l'expérience manifeste qu'il est possible de faire justice d'une façon plus humaine, c'est-à-dire en misant sur la rencontre, la prise en main volontaire de soi par chacun, et l'effort commun de comprendre et de se comprendre en créant un "vivre ensemble" de personnes *a priori* opposées au départ.

Si la justice est de permettre à chacun d'être plus humain, il n'est pas forcément nécessaire de punir et d'exclure le délinquant. La rencontre et le dialogue peuvent être plus satisfaisants pour les victimes et pour les agresseurs, à condition d'accepter de faire la vérité ensemble en vue de réparer les torts commis.

Même si cela paraît totalement utopique pour certains, pourquoi ne pas chercher l'avenir de nos sociétés dans cette direction ? J'ai comparé les résultats de cette étude des RDV en milieu africain à ceux auxquels j'avais participé quelques années avant au Québec, ainsi qu'à d'autres rapports de recherches empiriques au Manitoba, à Terre Neuve et en Colombie-Britannique où se pratiquent des programmes semblables. Dans tous les cas de figure, le degré de satisfaction des participants est également très élevé : autour de 80 %.

Une chose est certaine : la justice réparatrice fait appel à la société et plus précisément à l'entourage social des offenseurs à leur sortie de prison pour assurer le suivi du changement opéré dans les rencontres qu'ils ont eues avec les victimes. C'est très particulièrement vrai pour les délinquants sexuels. Même guéri de son addiction, le pédophile aura encore besoin d'un soutien solide de la communauté, de son entourage ou d'associations dont c'est l'objectif.

Au Québec, « *les Cercles de soutien et de responsabilité* », composés de bénévoles, entourent celui qu'ils appellent « leur membre principal ». Ces compagnons se réunissent régulièrement avec lui, et se relaient pour être une présence à qui il peut faire appel en cas de pulsions trop fortes ou d'occasion de proximité inopportune avec des enfants.

Pour toutes ces raisons, on comprend donc l'importance de la présence de personnes de la communauté aux rencontres offenseurs/victimes dans le cadre du programme RDV/ROV, comme acteurs efficaces.

2. Impact de la justice réparatrice sur le système judiciaire

Le programme, réalisé à l'intérieur même de l'institution carcérale, a pour objectif global de combler les carences du système judiciaire et d'ouvrir la voie à un nouveau paradigme, celui de la justice réparatrice. Il cherche à rendre plus humaine la réaction sociale au crime. Or les personnes qui ont participé aux RDV m'ont souvent dit avoir été déçues, voire frustrées, par le système judiciaire. Dans les premières entrevues côté victimes, je sentais leur insatisfaction par rapport au système judiciaire, et du côté détenus, s'exprimait un point de vue extrêmement sombre sur la justice et le milieu carcéral. Ceux-ci qualifiaient la prison d'« école du crime » et parlaient de cette ambiance pesante de méfiance réciproque et de violence entre détenus qui font la loi du milieu. La description de la prison ci-dessus peut l'expliquer.

Par différence, la justice réparatrice veut mettre en valeur la dimension humaine de la justice et considère que le crime est bien plus qu'une infraction à la loi ; il est aussi et surtout une offense de personnes à personnes à réparer avec le consentement des parties.

A l'opposé d'un procès où on cherche à déterminer la culpabilité du contrevenant versus la loi, l'enjeu est donc de favoriser en toute sécurité la rencontre de personnes que tout sépare habituellement, voire oppose : l'événement du crime, les valeurs, souvent l'appartenance ethnique, et la pression de l'entourage. À ces caractéristiques s'ajoutent les préjugés que chacun porte en lui, aiguisés parfois par la souffrance et le souci de se faire justice.

Or la justice réparatrice apporte un souffle nouveau au système judiciaire dans les pays où elle est connue, acceptée et favorisée par la société et en particulier par le Ministère de la Justice. La Directive 2012/29/UE du Parlement européen et du Conseil du 25 octobre 2012 a donné, en ce sens, une impulsion particulière au droit pénal bien au-delà de l'Union européenne.

La France qui avait pris du retard par rapport au Canada, à la Belgique et à la Nouvelle-Zélande, par exemple, l'a introduite dans sa législation par la loi n°2014-896 du 15 août 2014 et en a précisé la mise en œuvre par la circulaire du Garde des Sceaux du 15 mars 2017 [36]stipulant :

> *« Elle doit permettre une large appropriation de cette mesure nouvelle qui poursuit un objectif de restauration du lien social transcendant la dynamique habituelle de notre procédure pénale. »*

[36] Circulaire du Garde des Sceaux relative à la mise en œuvre de la justice réparatrice en France : circulaire n° JUST 1708302C du 15 mars 2017

Elle en réaffirme la nouveauté et le cadre :

> *« Le caractère innovant de cette mesure repose sur son autonomie vis-à-vis de la procédure pénale. Elle constitue une voie offerte aux parties, facultative, et sans conséquence sur le déroulement de la procédure judiciaire qui s'exerce en parallèle. L'autorité judiciaire joue un rôle majeur dans son impulsion et dans l'évaluation qualitative du dispositif, sans pour autant contrôler le déroulement de la mesure individuelle, qui se déroule en toute confidentialité. »*

Cette même circulaire insiste sur l'importance d'informer les victimes et les auteurs d'infraction sur cette opportunité et de garantir leur volontariat et leur liberté d'expression par la confidentialité exigée. Elle promeut une information et une formation des magistrats et avocats sur la justice réparatrice. Elle engage même le gouvernement à financer les associations qu'elle agrée pour la mise en œuvre des activités de justice réparatrice, notamment la formation des animateurs-médiateurs, tout en respectant leur indépendance. Des modèles de partenariat avec elles sont même proposés.

Ainsi le paradigme de la justice réparatrice s'appuie sur une philosophie du droit toute particulière. En dépassant la nécessité absolue du punitif inclus dans le pénal, elle permet d'envisager pour le contrevenant une voie nouvelle de redressement et pour la victime une prise en charge de sa guérison

Et la loi ?

Certains pourront s'inquiéter de voir combien la loi qui garantit l'ordre social en établissant les normes du vivre ensemble d'une société semble peu considérée dans ce qu'ils qualifieraient de cette sorte d'entente à l'amiable, même dans des cas graves. La loi n'apparaît pas en effet comme dans le droit pénal qui fixe la sanction

Mais elle est loin d'être absente. Elle est présente déjà dans le fait que, pour ce qui regarde les détenus, elle a dénoncé l'infraction par la sentence déclarée, et reconnu quelques éléments de victimisation de la victime si elle a porté plainte. Outre le fait qu'un module de la formation, précédant le RDV présenté dans cet ouvrage, porte précisément sur la loi, la justice réparatrice rehausse la valeur de la loi aux yeux des participants en manifestant sa raison d'être : le désordre social provoqué. Elle permet à ceux-ci de l'intérioriser.

Le voleur comprend mieux pourquoi son acte peut atteindre profondément une personne dans son intégrité, car elle lui a dit en quoi fouiller dans ses affaires était un viol à son intimité et que l'objet volé avait plus qu'une valeur économique, à la rigueur couverte par les assurances, mais un prix sentimental irremplaçable pour elle. C'est faute de cette prise de conscience que le voleur est tenté de récidiver et de reprendre ses « exploits » criminels.

L'abuseur sexuel sort de sa bulle impulsive et narcissique : il mesure la profondeur des blessures qu'il a provoquées pour de longues années.

Le meurtrier peut enfin sortir de la prison intérieure qu'il s'est fabriquée pour se défendre des images odieuses qu'il a lui-même provoquées, en touchant un être et ses proches, devenus désormais à ses yeux des « humains » comme lui. Il comprend un peu mieux la réalité des victimes secondaires de ses meurtres. Dans tous les cas, la vérité a ouvert des portes à l'intelligence de la loi.

En même temps les victimes comprennent qu'il ne suffit pas de porter plainte auprès d'un système, ni de se féliciter de la longue peine de son offenseur. Elles peuvent jouir de nouveau de leur dignité humaine et de leurs droits en retrouvant leur équilibre. Elles peuvent contribuer à un réajustement de la justice à la réalité de leurs situations. La plupart des victimes au terme du RDV ne souhaitent plus que soient intensifiées les mesures répressives, mais que leur souffrance soit reconnue et réparée. Un peu comme si elles disaient à l'État : ce n'est pas toi, la victime, c'est moi.

Pour toutes ces raisons, la justice réparatrice peut contribuer à l'harmonie sociale. Les questions actuelles qui préoccupent tant les agents judiciaires telles que la réintégration sociale des personnes sortant de prison et la lutte contre la récidive, y trouveraient une voie nouvelle.

3. Impact de la justice réparatrice sur la société en général ?

Bien que ma recherche s'arrête aux limites de l'observation d'un nombre relativement restreint de personnes, je peux m'interroger sur l'impact du programme sur la société. Pour moi, le face à face dans les rencontres entre offenseurs et victimes est par lui-même la preuve qu'une harmonie est toujours possible si on consent à se parler et à s'écouter, en recherchant la vérité. Sous certaines conditions, il pourrait bien donner le goût d'une réconciliation effective entre l'agresseur et sa propre victime, et ouvrir la voie à un autre mode de règlement de conflits. L'harmonie rendue possible entre groupes aussi antagonistes qu'agresseurs et victimes ne serait-elle pas une utopie mobilisatrice pour toute vie en société ?

De fait, quel que soit le contexte culturel, occidental ou africain, dans lequel s'est développée mon expérience, les victimes rencontrées et les personnes-ressources de la société ont mieux saisi à travers les échanges la dimension sociale de la délinquance. Tous aussi sont persuadés de l'intérêt de la justice réparatrice, et plusieurs nous ont manifesté leur détermination de continuer à en faire connaître l'intérêt. D'ailleurs, plusieurs personnes après leur participation au RDV ont tenu à donner leur témoignage lors d'événements à grand public ou dans des Universités auprès d'étudiants en criminologie.

A long terme, l'expérience d'harmonie vécue entre parties antagonistes au départ, pourrait faire la preuve qu'elle est possible ailleurs dans la société.

En tout cas rappelons que la justice réparatrice fait appel à la société et plus précisément à l'entourage social des offenseurs à leur sortie de prison, pour assurer le suivi du changement opéré dans les rencontres. Le rôle de la communauté est particulièrement significatif

L'État a aussi un rôle capital à jouer pour faire advenir une justice plus humaine. La réflexion du philosophe Paul Ricoeur[37] dans son petit ouvrage *« Le juste, la justice et son échec »* est de grand intérêt à ce sujet. Après avoir fait le constat de l'échec de la justice pénale dans la restauration du lien social, il rappelle le rôle de l'État chargé de faire respecter la sécurité des personnes, et montre comment la justice réparatrice peut l'assurer plus efficacement en donnant satisfaction à la victime et en réintégrant l'offenseur, tout en restaurant le lien entre offensé et offenseur. Il rappelle en même temps la nécessité d'un tiers, le médiateur. Après avoir écouté les deux parties, ce dernier « instaure la juste distance que le tort n'a pas respectée ».

Le rôle de l'État est délicat, car il doit se faire à la fois discret et efficace. Son pouvoir serait de redonner aux communautés locales, villages et quartiers urbains ou communes, la gestion des conflits, d'en établir les contours par sa législation, comme essaient de le faire plusieurs pays maintenant. Il pourrait se préoccuper de donner aux médiateurs locaux que sont de fait les chefs coutumiers en Afrique, une formation et une indépendance raisonnable.

L'État leur donnerait alors mandat de faciliter les rencontres, d'en assurer l'exercice et le suivi en collaboration avec ses services judiciaires et correctionnels et l'aide d'ONG spécialisées en justice réparatrice. On connaît l'autorité morale du chef sur sa communauté pour permettre la réintégration d'un de ses membres et réconcilier les parties en conflit. Le soutien financier et administratif de l'État tant aux ONG qu'aux localités pour développer la pratique de la justice réparatrice est évidemment une condition indispensable pour une saine réalisation. En même temps la culture du volontariat au service de la communauté et la participation de tous, notamment des intéressés, manifesteraient que les communautés se prennent réellement en charge comme elles le faisaient traditionnellement. « L'arbre à palabres » n'est pas mort.

---

[37] P.RICOEUR *« le juste, la justice et son échec »*, Paris, éd. l'Herne, 2005, p.56-72

Ainsi, si on se réfère au tableau inspiré de Walgrave donné au début de cet ouvrage, l'État ne serait ni « État opprimant », ni « État Providence », mais un « État responsabilisant » faisant valoir le droit réparateur.

Le critère de réussite reste la satisfaction qu'en retirent les personnes concernées par le crime, celui-ci se mesurant aux conséquences qui le suivent, tant pour les personnes que pour la communauté à laquelle elles appartiennent. C'est vraiment ce que les participants du programme mené dans la ville de Duékoué en Côte d'Ivoire ont permis de constater.

Dans les pays africains qui ont eu, ou ont encore, à subir les secousses graves de la guerre civile, ce mode non violent de règlement de conflit n'est-il pas à long terme une stratégie plus assurée pour rétablir la sécurité du public, l'harmonie sociale et finalement la paix ?

Si on veut que les règlements de comptes ne se perpétuent pas en chaîne, ne faut-il pas chercher la voie du dialogue ? Cette perspective était à la base des Commissions Vérité et Réconciliation dont Mgr Desmond Tutu fut le promoteur en Afrique du Sud. Même si certaines expériences ont eu leurs limites, me semble-t-il, parce qu'étant publiques, la confidentialité n'était pas garante de la liberté d'expression, n'est-il pas pertinent d'avancer dans cette direction ? Que cela soit sur le plan gouvernemental, ou à la base dans les communautés locales, que cherche à s'implanter la justice réparatrice, il reste à déterminer les conditions d'application propres à chaque région ou pays. L'État, en soutenant financièrement la recherche criminologique dans ce sens, se donnera les moyens d'une justice plus humaine et adaptée à la culture africaine, retour aux sources et adaptation à l'évolution moderne.

Il serait urgent que le grand public connaisse ce mode de justice et que les médias s'en fassent les messagers. À titre d'exemple, depuis plus de trente ans, le Canada célèbre chaque année *La Semaine Nationale de justice réparatrice,* durant laquelle de nombreux événements médiatiques contribuent à la sensibilisation du public. Il honore chaque année de façon particulière les promoteurs et acteurs de la justice réparatrice. Chaque pays ne pourrait-il pas trouver une modalité particulière pour informer et activer un changement de mentalité, passer de la punition au dialogue ?

CONCLUSION

En conclusion, la justice réparatrice se présente comme une justice humaine au sens plein du terme. En ne négligeant rien de la rigueur de la loi et de son utilité pour structurer l'harmonie sociale, elle complète et renouvelle l'efficacité de la justice pénale tout en s'en différenciant radicalement.

S'adressant à des personnes et aux groupes qui les entourent, elle les rejoint dans leur vulnérabilité, leur carence, leur souffrance mais surtout fait appel à la force de leur résilience. Qu'elles soient victimes ou auteurs de l'acte criminel, elles trouvent, dans la rencontre et la circulation de la parole, l'opportunité de renaître à leur dignité humaine en se traçant une piste dans la complexité des relations humaines.

Cette réparation n'est pas de revenir « comme avant », mais elle est transformation, libération et renaissance et finalement réconciliation. C'est ce que m'ont prouvé les participants des RDV ou ROV, que cela soit au Québec où j'ai commencé cette pratique ou en Côte d'Ivoire, que cela soit dans un contexte carcéral comme à la MACA d'Abidjan, ou dans une localité meurtrie par la guerre civile comme à Duékoué.

Puisse ces quelques pages, ainsi que les fiches pédagogiques de préparation aux rencontres, rendre service tant aux criminologues ou acteurs sociaux des associations africaines désireux de se lancer dans l'aventure, qu'aux décideurs des Ministères de la Justice et au personnel judiciaire de quelques pays africains. À l'heure où ceux-ci se préoccupent particulièrement de réduire la récidive et de parer à la surpopulation des prisons, la justice réparatrice n'ouvre-t-elle pas une voie nouvelle, qui a toutes ses chances de réussir, parce qu'en Afrique elle s'enracine dans une culture ancestrale ?

Il serait souhaitable que la Résolution de l'ONU de 2002, émanant du Conseil Economique et Social des Nations Unies E/2002/30 concernant la justice réparatrice trouve sa pertinence dans les États membres.

En guise de conclusion je me permets d'en rappeler quelques extraits :

1. Prenant acte avec satisfaction des travaux réalisés par le Groupe d'experts….

2. Encourage les États membres à se fonder sur les principes fondamentaux concernant le recours à des programmes de justice réparatrice en matière pénale pour l'élaboration et l'aspiration de programme de justice réparatrice ;

3. Prie le Secrétaire général d'assurer aux principes fondamentaux concernant la justice réparatrice la diffusion la plus large possible auprès des états membres, des instituts du réseau du Programme des Nations Unies pour la prévention du crime et la justice pénale ainsi que d'autres organisations internationales, régionales et non gouvernementales.

4. Demande aux États membres qui ont adopté des pratiques en matière de justice réparatrice de communiquer sur demande aux autres États des informations sur ces pratiques ;

5. Demande également aux États membres de s'entraider pour élaborer et appliquer des programmes de recherche, de formation ou autres, ainsi que des activités visant à stimuler le débat et l'échange de données d'expérience sur la justice réparatrice ;

6. Demande en outre aux États membres d'envisager d'apporter, par le biais de contributions volontaires, une assistance technique aux pays en développement et aux pays à économie en transition qui en font la demande, afin de les aider à élaborer des programmes de justice réparatrice »

Voilà pour les directives venues d'en haut. Reste à les mettre en œuvre, à la base. C'est pour en faciliter l'application qu'il m'a semblé important de communiquer quelque chose de mes expériences des RDV et ROV, surtout les plus récentes, réalisées en Afrique, et de proposer quelques fiches techniques utiles à la mise en œuvre de projets semblables. On y trouvera, particulièrement détaillées, des fiches pédagogiques pour la formation préalable aux rencontres entre offenseurs et victimes. Celles-ci peuvent aussi servir pour des causeries avec d'autres publics tels que sortis de prison, jeunes en difficulté, etc…

ANNEXES

- Annexe I :
  Extrait de la Législation française concernant la mise en œuvre de la justice réparatrice circulaire du 15 mars 2017

- Annexe II :
  L'étude de M.Beaulac sur les effets du processus RDV (CSJR)

A titre de comparaison cette étude sur les effets du processus RDV (2007) dans un contexte culturel totalement différent qu'est le Québec, vient en appui, à la démonstration de l'impact de celui-ci tant sur les victimes que sur les offenseurs, montrant qu'il rejoint le fond commun d'humanité des participants dans leur expérience de la rencontre.

ANNEXE I

Extraits de la législation française concernant la Justice réparatrice

La loi n°2014-896 du 15 août 2014, relative à l'individualisation des peines et renforçant l'efficacité des sanctions pénales, a introduit dans le Code de procédure pénale de nouvelles dispositions permettant de proposer des mesures dites de justice restaurative, plus particulièrement en son article 10-1 :

Art. 10-1. À l'occasion de toute procédure pénale et à tous les stades de la procédure, y compris lors de l'exécution de la peine, la victime et l'auteur d'une infraction, sous réserve que les faits aient été reconnus, peuvent se voir proposer une mesure de justice restaurative.

Constitue une mesure de justice restaurative toute mesure permettant à une victime ainsi qu'à l'auteur d'une infraction de participer activement à la résolution des difficultés résultant de l'infraction, et notamment à la réparation des préjudices de toute nature résultant de sa commission. Cette mesure ne peut intervenir qu'après que la victime et l'auteur de l'infraction ont reçu une information complète à son sujet et ont consenti expressément à y participer. Elle est mise en œuvre par un tiers indépendant formé à cet effet, sous le contrôle de l'autorité judiciaire ou, à la demande de celle-ci, de l'administration pénitentiaire. Elle est confidentielle, sauf accord contraire des parties et excepté les cas où un intérêt supérieur lié à la nécessité de prévenir ou de réprimer des infractions justifie que des informations relatives au déroulement de la mesure soient portées à la connaissance du procureur de la République

Circulaire du 15 mars 2017 du garde des Sceaux relative à la mise en oeuvre de la justice restaurative

Paru dans le N°229 - 6 avril 2017
Juridictions

Le 15 mars 2017, le garde des Sceaux, ministre de la Justice, a transmis aux chefs des juridictions judiciaires, aux dirigeants des services pénitentiaires et de protection judiciaire de la jeunesse et aux directeurs des écoles de formation sous sa tutelle, une circulaire relative à la mise en oeuvre de la justice restaurative[(1)]. Celle-ci est définie comme un modèle de justice complémentaire au procès pénal, consistant à restaurer le lien social endommagé par une infraction à travers la mise en place de diverses mesures associant la victime, le condamné et la société. S'il existe depuis quelques années des dispositifs s'inspirant de ce modèle, la loi n° 2014-896 du 15 août 2014 relative à l'individualisation des peines et renforçant l'efficacité des sanctions pénales [(2)] crée une mesure ad hoc.

La circulaire n° JUST1708302C du 15 mars 2017 rappelle le cadre juridique, français et international dans lequel s'inscrivent les mesures de justice restaurative applicables à tout type d'infraction (crimes, délits, contraventions) et impliquant tant les auteurs de celles-ci, qui initient la demande, que les victimes, dont la protection est assurée à tous les stades de la procédure. La justice restaurative répond à deux principes directeurs : d'une part, l'autonomie de la mesure, qui est un acte complémentaire et indépendant de la procédure pénale et, d'autre part, la confidentialité des échanges, les propos tenus par les parties ne pouvant être utilisés au cours de la procédure juridictionnelle. La circulaire expose les conditions préalables à la mise en oeuvre d'une mesure de justice restaurative (reconnaissance des faits par l'auteur, consentement exprès des participants, intervention d'un tiers formé à l'exercice) et les modalités de son déroulement.

Celui-ci se décompose en différentes étapes :

& une phase préparatoire, incluant notamment l'élaboration d'une convention partenariale associant l'ensemble des acteurs ;

1. une phase de mise en oeuvre, comprenant la sélection des participants, ainsi que la formation préalable des intervenants ;
2. un contrôle exercé par l'autorité judiciaire, à tous les stades de la procédure, sur les mesures mises en place, afin notamment de s'assurer qu'elles n'interfèrent pas avec le déroulement de la procédure pénale en cours ;
3. une évaluation du dispositif permettant un contrôle du service ou de la personne chargée de la mesure, des formations suivies et du respect de la convention.

Des exemples de mesures de justice restaurative ainsi que des modèles de convention de partenariat et de formulaire de recueil du consentement des participants sont annexés à la circulaire.

- (1) Circulaire n° JUST1708302C du 15 mars 2017 [PDF]
- (2) Loi n° 2014-896 du 15 août 2014 relative à l'individualisation des peines et renforçant l'efficacité des sanctions pénales

ANNEXE II

EFFETS DES RENCONTRES DETENUS VICTIMES AU QUEBEC

M.& al Beaulac, Novembre 2007 CSJR Montréal

Effets du RDV sur les détenus

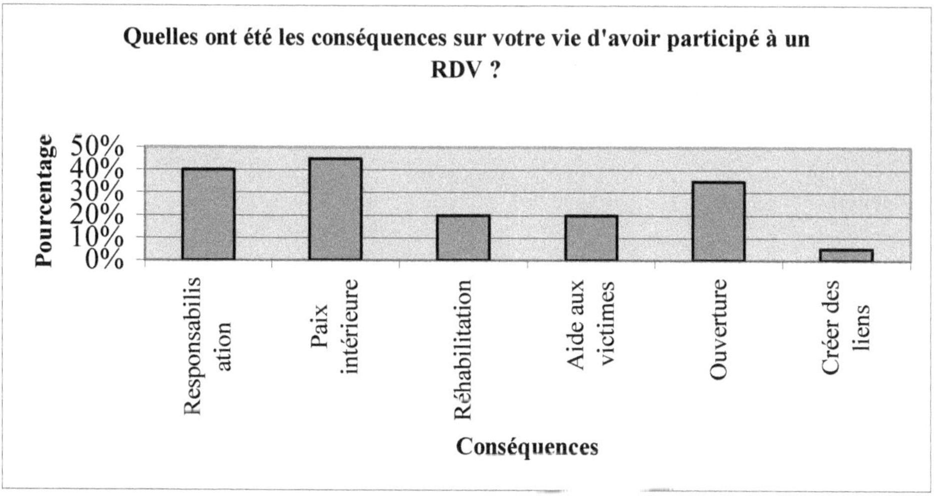

Effets du RDV sur les victimes

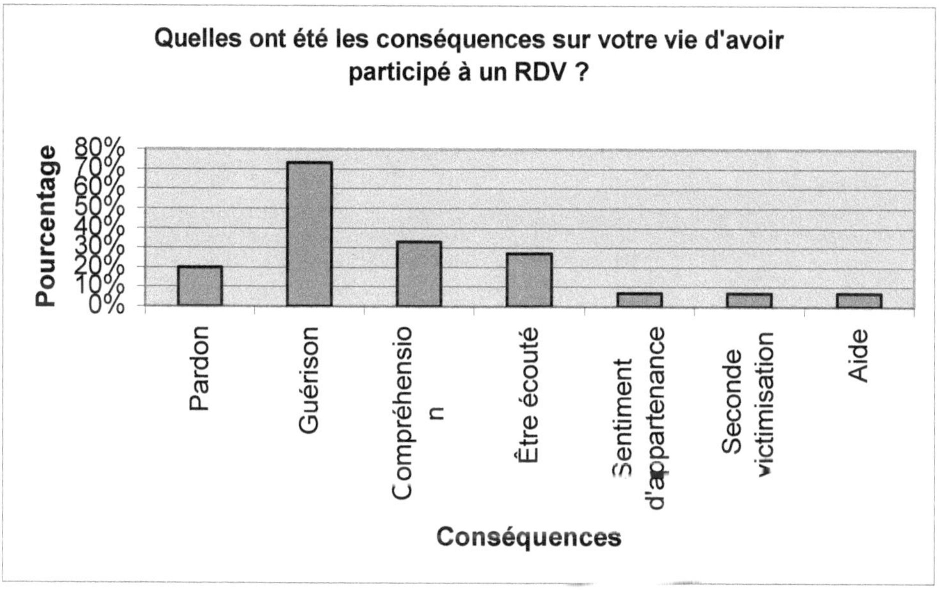

BIBLIOGRAPHIE

BARAJAS, E *Community Justice, Striving for Save. Sense and Just Communities* ; National Institute of Corrections,1996

BARIL, *L'envers du crime*, Centre International de Criminologie comparée Montréal, 1984

BERZINS, [1] L. *Justice la nécessaire imagination,* Colloque de la Société de criminologie du Québec en 1999

BOENHOEFFER Dietrich, *De la vie communautaire,* Cerf, 1939

BONAFE-SCHMITT J.P, Revue de droit pénal et criminologie (Belgique), ministère de la Justice, nov.1995.

BOUCHERON Patrick, Propos recueillis par Joelle Gayot. Revue Télérama 23/12/20

CARTER Rod, *Les racines de la violence et l'ombre du transfert.* Programme de *justice réparatrice* Université Queen's Module 3 in Petit manuel de *justice réparatrice,* Gouvernement du Canada, 2015.

CARTER Rod, *Petit manuel de justice réparatrice*, SCC Canada, 2017.

C.S.J.R. Centre de services de *justice réparatrice* Montréal www.csjr.org

DANIANI, C *Les victimes. Violences publiques et crimes privés*, Ed. Bayard, Paris, 1997,

FAGET, *La médiation. Essai de politique pénale,* Paris Eres, 1997.

GIRARD R. *La violence et le sacré*, 1972 (ISBN 26253603738-9) et *Le bouc émissaire,* 1982 (ISBN2-253-03738-9).

JACCOUD M., *Justice blanche au Nunavik,* Montréal, Méridien, 1995.

JUST Circulaire n°1708302C du 15 mars 2017

KLEIN M. et RIVIERE J., *L'amour, la culpabilité et le besoin de réparation,* éd. Payot, Paris, 1968 p.86

LOPEZ et BORNSTEIN, *Victimologie clinique,* Maloine, Paris, 1995.

MONBOURQUETTE *Jean (1933-2011) Comment pardonner ?*, 1992, Novalis/Bayard, Ottawa/Paris

ONU, Conseil Economique et social des Nations Unies (E/2002/30), *_Principes fondamentaux relatifs au recours à des programmes de justice réparatrice en matière pénal*e, 2002

RICOEUR P. *Le juste, la justice et son échec*, Paris, éd. l'Herne, 2005 p.56-67

ROSENBERG Marshall B, *La communication NonViolente au quotidien*, éditions Jouvence. (ISBN 2-88353-314-8)

SIRONI, F *Bourreaux et victimes, psychologie de la torture,* Ed. Odile Jacob, Paris, 1999

VILLETTE de T, *Faire justice autrement, le défi des rencontres entre détenus et victimes,* Médiapaul, Montréal, 2009.

L.WALGRAVE, *Au-delà de la rétribution ou de la réhabilitation, la réparation comme paradigme dominant sur l'intervention judiciaire contre la délinquance*, Vaucresson, France, 1994.p.12

ZERH Howard, *Retributive Justice Restorative Justice, New perspectives on crime and Justice*, 1985.
Changing Lenses. A New Focus for crime and Justice, Scittdale (PA), Hérald Press, 1990.
« *Restorative justice. The concept* » *Correction Today,* décembre 1997, trad. p 69.

Vidéos : CHANNER Alan *L'imam et le Pasteur* documentaire réalisé par 2006,39 mn
ou vidéo L'ima*m et le pasteur Dieu sait* quoi (sous-titrée en français) déc 27,2009, Play RTS sur internet

GUIDE PÉDAGOGIQUE

FICHES TECHNIQUES
A L'USAGE DES ORGANISATEURS
DU PROGRAMME

pour la réalisation de rencontres détenus-victimes RDV
ou rencontres offenseurs victimes ROV

A. FORMATION DES ANIMATEURS

B. FORMATION DES PARTICIPANTS

A. FORMATION DES ANIMATEURS

A. 1. SESSION DE FORMATION DES ANIMATEURS

A titre d'exemple voici le programme d'une session donnée en trois jours aux leaders de groupes locaux de Duékoué RCI.

1er Jour :	**LIBÉRATION PAR LA PAROLE**
8H30	Accueil. Présentation des participants.
Exposé :	**La libération par la parole.** Conditions de nos échanges : confidentialité, être vrai, volontaire.
9h 30	**Etat des lieux *(En petit groupe)*** Que s'est-il passé à Duékoué pendant et après la crise pour chaque groupe de leaders. Ombres et lumières. Efforts de réconciliation déjà faits. Activités entreprises. Et signature du certificat de confidentialité.
10h 15	**Pause** Collation.
10h30	***En petit groupe*** : Nous découvrir mutuellement ; Comment as-tu ressenti la crise ? Pendant les événements, et maintenant que reste-t-il à faire à votre avis ? Vos attentes ? Celles des gens traumatisés ?
11H45	***En grand groupe*** Les propositions de l'association. Les grandes étapes du projet et le calendrier.
12h	***Repas***
14h 30	Le programme du projet, budget, obligations du leader.
15h	**Exposé : qu'est-ce que la justice réparatrice ? Les formes de justice réparatrice.**
16h15	**Relecture de la journée**

2e jour : **THÈME : ÉCOUTE**

8h30 **Exposé sur l'écoute**. Repérer en moi les émotions, les nommer. Distinguer émotions et observation. Empathie. Écoute.

10h 15 ***Pause*** **Collation.**

10h 30 **Exercices d'écoute 2X2.**

12h ***Repas***

14h 30 **Exposé : La psychologie de la victime.** Accueillir une personne traumatisée.

15h 15 **Psychologie de l'offenseur.** Accueillir un offenseur

16h 15 **Relecture de la journée**

3e Jour : **THÈME : FORMATION A L'ANIMATION**

8h30 **Exposé Qu'est-ce qu'un animateur ?**

Exercice d'animation : application à l'un des modules du programme de formation des participants à RDV.

10h30 ***Pause*** Collation

10h45 **Exposé** : **Les modules de la formation** donnée aux victimes et aux offenseurs à laquelle les leaders participeront. **Exercices d'animation.**

12h ***Repas***

14h30 - **Reprise des modules**

15h30 Remplir une fiche d'évaluation de chaque séance. Consignes.

16h **Relecture de la session**

A. 2. QU'EST-CE QU'UN ANIMATEUR ? Exposé (*résumé)*

Profil et rôle

Le mot d'animation a pour racine : âme ou **souffle**. L'animateur est donc celui qui donne souffle à un groupe. Notre projet vise à redonner du souffle à des personnes chez qui la souffrance ou l'histoire personnelle étouffe la vie, la joie, le sens de la dignité humaine.

Les victimes d'acte criminel comme celles que nous allons rencontrer sont des personnes fragiles psychologiquement, parce que la peur, la blessure, le traumatisme, ont atteint le fond de leur être. Vous les trouverez peut-être écrasées ou apathiques, passives, ayant de la difficulté à s'exprimer, souffrant parfois de solitude, parce qu'elles ne se sentent pas comprises et reconnues ; ou bien coléreuses avec un désir de vengeance, expression de leur souffrance. Certaines aussi se sentent coupables, bien qu'innocentes.

Comme animateurs, vous aurez à faire preuve d'**empathie**, attentifs à la souffrance mais en gardant une certaine distance intérieure par rapport à ce qui est dit. Vous ne pouvez pas souffrir à leur place. Elles attendent de vous une présence humble et paisible, patiente sans craindre les silences. N'essayez pas de faire de la morale ou de trouver une solution à leur problème, mais aidez-les à trouver en elles les capacités de se relever. Elles le peuvent si vous les aidez. Laissez-les exprimer leurs émotions sans les interrompre par trop de questions.

L'auteur d'un crime est avant tout une personne qui peut changer, si nous l'aidons. Exercez- vous à voir en elle la présence du Créateur qui veut la mettre debout. L'auteur d'un crime ne s'identifie pas à son acte. Il n'est pas criminel à vie, mais il a commis ceci ou cela. Aimez-le malgré tout, sans peur, mais avec une présence forte, humble, et paisible. Derrière une apparence de « gros dur » parfois, découvrez l'homme et le frère. Aidez-le à exprimer ses émotions, ses amours, ses regrets, ses révoltes envers la société peut-être. Là encore **empathie**

mais pas sympathie. Gardez une certaine distance affective. Vous n'êtes pas lui.

Laissez-lui sa dignité en le considérant comme une personne responsable et dites-le-lui si vous sentez qu'il peut comprendre. Écoutez sans mettre en doute ce qu'il dit, mais ne vous laissez pas manipuler : aidez-le à faire la vérité en lui disant que vous comprenez ses difficultés et qu'il peut avoir confiance en vous, car nous sommes dans la confidentialité. Aucun rapport de contenu ne sera fait à la Justice.

Il est prudent de ne pas révéler son identité ni le lieu où on habite. Vous serez connu par le nom de votre badge du projet. Si vous êtes une femme ou jeune fille, habillez-vous simplement, décemment.

Rôle : durant le temps de formation, vous aurez à parrainer deux ou trois victimes ou agresseurs, c'est-à-dire à veiller à leur régularité et à leur exactitude. Vous suivrez leur cheminement durant la formation et vous écrirez vos observations discrètement. ***Cette formation des participants est donnée séparément*** aux offenseurs d'une part (à l'intérieur de la prison pour les détenus), et aux victimes d'autre part (dans un local de la communauté : village, ou quartier de ville) Elle se déroule selon le même programme pour les deux groupes. Les exemples à l'appui seront évidemment à adapter. Le fil rouge et les exposés seront donnés par l'animateur principal ou la psychologue ou autre formateur. ***Les travaux en petits groupes seront animés par vous, leaders locaux***, ayant reçu cette formation spéciale intensive. Vous pourrez désigner parmi vous ou parmi les participants des **responsables de la logistique** *(installation, matériel, nourriture)*

Voir plus loin le plan de la formation des participants et les fiches pédagogiques correspondantes ainsi que le déroulement des rencontres proprement dites entre agresseurs et victimes p.192-193

A.3. PORTRAIT DE L'ANIMATEUR :

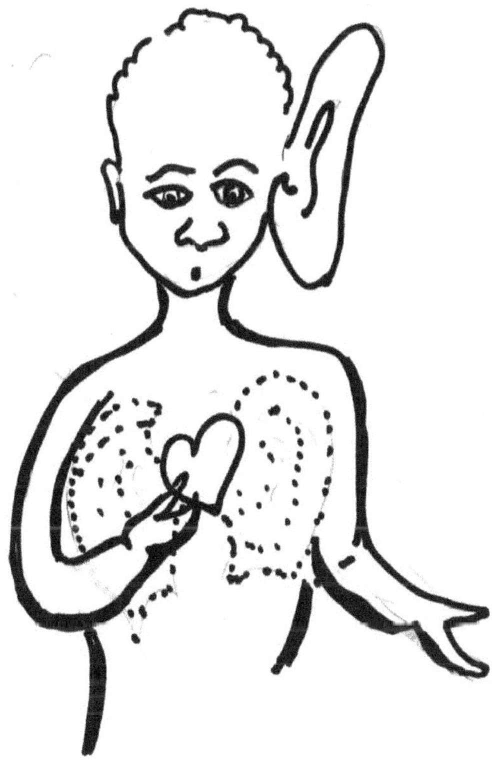

- **Une grosse tête**

pour penser, se rappeler, évaluer.

- **De grands yeux**

pour tout voir

Un nez pour sentir l'ambiance.

- **Une toute petite bouche**

pour parler peu.

- **Une grande oreille**

pour écouter le groupe.

- **Une petite oreille**

pour s'écouter soi-même.

- **Des poumons exercés** à prendre une grande respiration en cas d'émotion forte.

- **Un gros cœur** pour aimer.

- **Des mains ouvertes** et accueillantes.

A.4. REGARD SUR LE GROUPE

L'animateur est attentif à chaque membre du groupe

Avez-vous repéré la diversité des membres de votre groupe ?

Le bavard,

Le timide,

le méfiant,

L'intéressé

L'opposant

TROIS TYPES D'ANIMATION

1. L'animateur directif

Il sait d'avance le résultat de la discussion. Il a la vérité, la solution. Il ne tient pas compte de l'avis des membres du groupe. Sa pensée ne change pas. On ne progresse pas. Insatisfaction.

2. L'animateur non directif

Il laisse la parole à tous sans ordre. Il ne reprend pas l'idée de l'un pour la soumettre au groupe. Les paroles partent dans tous les sens. Le groupe éclate, insatisfait.

3. L'animateur semi-directif (celui qu'on vous propose de devenir).
Il encourage la parole des membres qui inter réagissent.

La pensée du groupe s'élabore peu à peu, guidé par l'animateur. Avec méthode, le groupe réalise une œuvre commune à partir des idées des uns et des autres.

Comment circule la parole dans votre groupe

A : Animateur membre du groupe / 0 membre du groupe

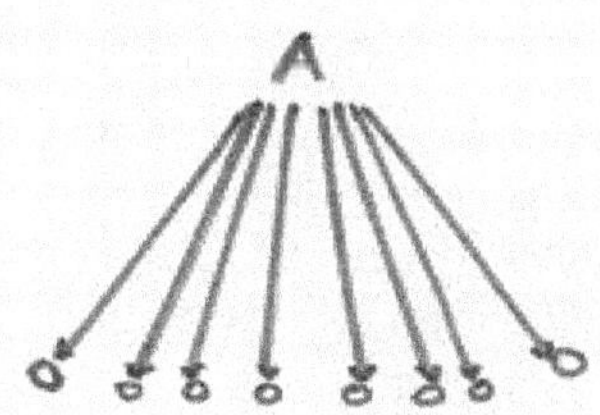

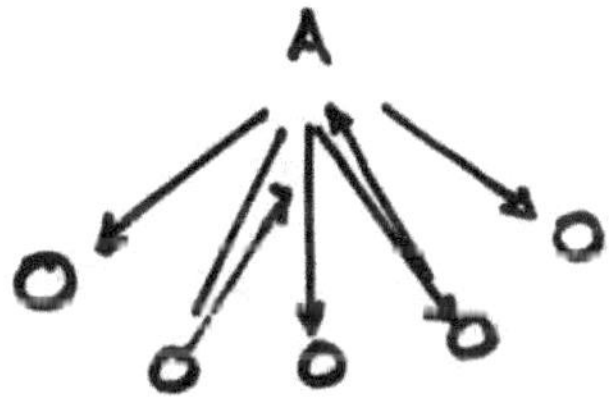

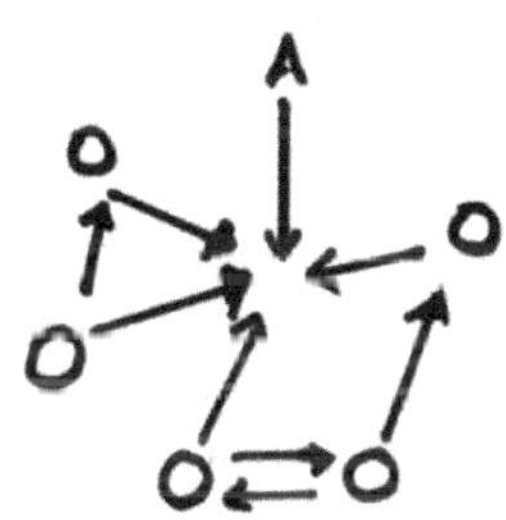

A.5 FORMATION DES CANDIDATS AUX SESSIONS RDV /ROV

Modules	Points abordés	Méthodes et outils
1/ Qui suis-je ? Connaissance de soi comme personne libre	- Présentation de la formation - Mon identité sociale, corporelle, affective mon identité d'exécutant, - Ce qui est important pour moi ;	- Exposé - Réflexion personnelle - petits groupes - Calebasse - Carte du pays par ethn
2/ Pourquoi la loi ? Droits et devoirs - Le sens de la loi - Formation aux valeurs citoyennes	- Pour vivre ensemble : s'ajuster par le moyen des règles du jeu ou lois. DUDH. - Respecter les droits des uns et faire respecter les siens ; - Droits et devoirs	- Jeu du puzzle sur la pa - Mise en commun - Exposé : recherche des conditi au bien commun - Réflexion en petits groupes
3/ La gestion de conflit quand un droit est lésé. - Analyse du conflit ; - Gestion des conflits - Apprentissage du règlement de conflit	Définition du conflit - déclencheurs Amplification (rôle de l'entourage) - Gérer les conflits - Attitude et stratégies	Exposé, sketches - Appel à l'expérience - Jeu de rôle d'un conflit communautaire. - Affichage
4/ Violence et non-violence Admirer la non-violence comme nouveau regard sur le conflit. Importance pour l'harmonie sociale	La violence : fait de société Pourquoi la violence ? Conséquences ? La non-violence une force ; Conditions pour la vivre	Exposé interactif - un film Réflexion sur la non-violence en actes. - appel à l'expérience
5/ Pour communiquer en paix apprendre à parler de soi et des autres	Poids de la parole ; La parole du corps. - exprimer ses émotions et sentiments, en parler - Distinguer observation et jugement	Exposé proactif en grand groupe. Petits groupes, jeu et exercices
6/ Pour communiquer en paix : - savoir écouter	Conditions de l'écoute Écoute mutuelle	Exposé avec illustrations - Expériences d'écoute et relecture
7/ Sur le chemin de la réconciliation	Ce qu'est la réconciliation Ce qu'elle suppose Comment pardonner : 6 étapes	- Exposé - Projection d'un film - Échanges

A 6. DEROULEMENT DES RENCONTRES RDV /ROV

Ren-contres	Objectif	Symbole porteur	contenu	Activité de la semaine
1ère	Constituer le groupe Chacun y a sa place	Petite calebasse à trésors 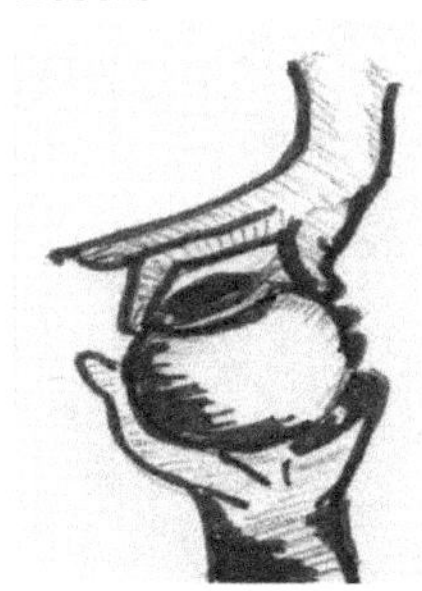	Présentation Expression des attentes de chacun Témoignages d'une victime et d'un offenseur Réaction du groupe Débriefing	Se choisir un surnom ou le nom d'un animal nous ressemblant et dire pourquoi
2ème	Parler de sa blessure	2 miroirs, un brisé, un intact 	- l'activité - dire ses blessures. - Paroles de victime et offenseur - Réaction du groupe - Debriefing	Dessin ou collage ou… sur ma relation avec l'autre partie Cela ressemble à…

Ren- contre	Objectif	Symbole porteur	Contenu	Activité de la semaine
3ème	**Apport des autres dans mon désir de me guérir**	**Éponge** **R**  **Carte de relations** 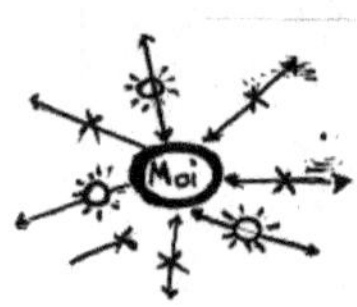	- l'activité - carte de relations. - Paroles de victime et offenseur - Réaction du groupe - Debriefing ---	Quelle réparation je désire pour moi et pour l'autre ? Avec qui ? Comment ?
4ème	**Reprendre cœur** **La résilience est possible**	Cœur pressé Cœur relaxe 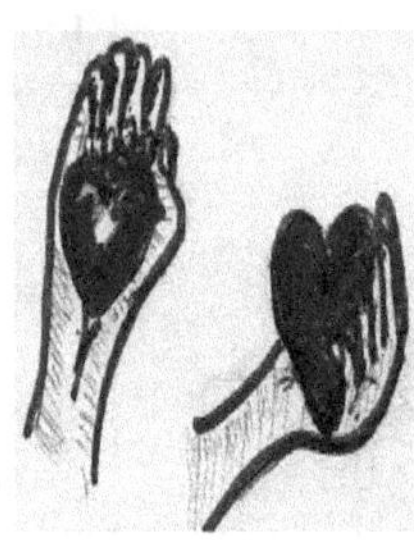	Retour sur L'activité - Chacun reçoit le cœur et s'exprime - Paroles de victime et offenseur - Réaction du groupe - Débriefing	Comment j'envisage de me réparer moi-même

Ren- contre	Objectif	Symbole porteur	Contenu	Activité de la semaine
5ème	Passage de la mort à la vie, de l'ombre à la lumière		Paroles de victime et offenseur - Réaction du groupe Explication du symbole en lien avec les échanges Activité sur la réparation	Préparer la fête de fin de session et évaluation : chacun prépare un petit cadeau symbolique pour un ou plusieurs membres du groupe
6ème	Évaluation Et célébration De la libération obtenue	Repas de fête ou /et Cadeaux préparés par les participants	Évaluation par chacun Échange de cadeaux Et repas de fête	Rendez-vous dans un mois environ pour une 7° rencontre d'évaluation et fête avec un invité d'honneur et remise d'attestation

A.7. OBJECTIFS VISES : EFFETS du RDV/ROV *(Résumé)*

Effets du rdv sur la victime

Poser librement les questions qu'elle porte.
Être entendue et reconnue dans sa blessure.
Exprimer librement ses émotions.
Se libérer des charges émotives négatives.
Le mythe de l'agresseur-monstre tombe.
Retrouver sa dignité et son pouvoir social.
Ouverture à une réparation par le pardon.

Effets sur l'offenseur

Être écouté sur sa blessure et son histoire.
Possibilité de s'ouvrir à la compassion.
La culpabilité paralysante devient responsabilité : conscience plus fine des conséquences de son acte.
Retrouver sa dignité de citoyen.
Perdre ses préjugés par rapport à la société.
Désir d'une réparation effective.

Effets du rdv sur la société

La baisse de l'esprit de vengeance chez les victimes apaise les relations sociales.
Des relations qui étaient brisées se renouent (ex-père fille en cas d'inceste ou réconciliation de voisins).
L'esprit de dialogue prévaut de façon diffuse dans le public sur l'esprit de compétition et de punition.
La justice réparatrice peut se pratiquer dans tous les milieux : familial, commercial, scolaire.

Effets du rdv sur le système judiciaire

Les résultats positifs peuvent entraîner une recherche en matière législative, et donner lieu à des initiatives nouvelles en vue de rétablir l'harmonie sociale de prévention, de sanction, de réparation, d'alternatives à la prison, et de réinsertion sociale.

A.8. CERTIFICAT DE CONFIDENTIALITÉ

A faire signer par tous les acteurs du programme

Découpez……………………………………………………………

CERTIFICAT DE CONFIDENTIALITÉ

Je soussigné : *Nom*……………………………………

Afin de garantir un climat de confiance entre les participants à ce programme de Justice réparatrice, je m'engage à ***ne pas révéler en dehors du groupe*** *les noms et paroles prononcées pendant les séances sans leur autorisation.*

Je compte moi-même sur la confidentialité gardée par les autres participants engagés.

Fait à……………………………………….

Le…………………………………………

SIGNATURE…………………………………………………………….

B. FORMATION DES PARTICIPANTS PRÉALABLE AUX RENCONTRES ENTRE OFFENSEURS ET VICTIMES

Cette formation dont le plan présente les huit modules sous forme du tableau précédent p.192 est expliquée sous forme de fiches dans les pages suivantes. Elle a pour but de préparer aux rencontres RDV ou ROV proprement dites entre offenseurs et victimes

La formation se fait sous forme d'une réunion hebdomadaire d'une durée de trois heures environ, ou sous forme de session intensive si cela convient mieux, mais l'expérience montre que l'espace entre les réunions hebdomadaires permet une maturation intéressante des participants.

Les participants s'engagent sur la base du volontariat, de l'anonymat s'ils le désirent (en se choisissant un surnom) et de la confidentialité pour faciliter leur liberté d'expression en profondeur sur des sujets difficiles.

La formation préalable aux rencontres RDV/ROV a lieu dans des lieux différents et en groupes distincts de victimes en un lieu et d'offenseurs dans un autre lieu.

Les personnes-ressources qui se sont formées à l'animation animent les petits groupes de réflexion et d'échange ;

LES PAGES SUIVANTES PRESENTENT DONC LES FICHES PEDAGOGIQUES

FICHE PÉDAGOGIQUE 1

QUI SUIS-JE ?

La connaissance de soi

Ce module peut prendre une ou plusieurs séances

QUI SUIS-JE ?

Objectif : connaissance de soi comme être libre.

Faire découvrir les différentes facettes de notre personnalité.

Méthode : alternance de grand groupe pour exposé, réflexion personnelle et partage en petits groupes de 6 à 10 avec 2 animateurs.

Logistique : vidéoprojecteur ; micro ; sono ; sièges ; eau à la pause. Carte des ethnies de la région si possible.

Introduction : présentation des animateurs et de chacun avec un rite d'accueil propre au pays.

Le sens de la formation : Même si nous sommes enfermés ici *(c'est le cas des détenus),* nous pouvons devenir des personnes dignes et libres. C'est ce que nous vous proposons. La méthode appelle à la participation et à la régularité, dans l'intérêt de la vie du groupe.

Pas de rapport à l'administration. Volontariat et anonymat : (possibilité d'adopter, pour les rencontre, un surnom toujours le même

Grand groupe

Notre personnalité a plusieurs facettes. Nous avons plusieurs identités. Pour nous connaître, nous allons essayer de les regarder

1. Mon identité sociale. *Réflexion guidée par l'intervenant principal.*

Sur ma carte d'identité, j'ai un nom qu'on m'a donné à la naissance.

Ethnie : Je suis né dans un clan, une tribu, une famille : laquelle ? En suis-je fier ? Quelles sont les valeurs de mon ethnie ou de mon pays d'origine que j'aimerais garder et transmettre à mes enfants ?

J'appartiens à une famille, ethnie, nation, une religion, ou à un groupe d'amis qui m'ont fait ce que je suis.

Prendre conscience de ce que j'ai reçu de ma famille et des groupes auxquels j'appartiens. **Prendre conscience de ce que j'ai souffert** peut-être de ces groupes (violence, pression, ce qu'on dit de mon ethnie, moqueries, etc.)

Est-ce que je pense toujours comme les gens de ces groupes ? Sur quoi je ne suis pas d'accord ? Est-ce que je garde des sentiments pour ou contre ?

Petits groupes de 6 à 10 et 2 animateurs. Partage de la réflexion personnelle à tour de rôle sans discussion. Laisser s'exprimer sans jugement. Après le tour, *l'animateur* remercie pour ce début de partage entre nous, même des souffrances. Plus tard nous reparlerons de celles-ci. Il fait ressortir le positif : ce que nous venons de vivre dans le partage, les points communs, la richesse des différences exprimées dans ce groupe, comme les couleurs différentes d'un joli pagne. Si dans un pays, on était capable de reconnaître ses propres richesses et celles des autres, comme dans ce petit groupe, ce serait la paix.

Pause sur place distribution d'eau

2. Mon identité corporelle :

Grand groupe. *Exercice de relaxation sur place puis réflexion guidée.*

Sur ma carte d'identité, il y a une photo et des empreintes digitales. J'ai un corps. Prenons conscience de cette merveille qu'est notre corps Comment je me sens aujourd'hui ? Est-ce que je me connais bien ? Qu'est-ce qui me fatigue ? Parties tendues, etc. Est-ce que mon corps a une histoire ? Est-ce que j'ai été malade ? Est-ce que je l'ai détruit par le tabac, l'alcool, la drogue, etc. Est-ce que d'autres ont essayé de m'abîmer ? Est-ce que je me sens bien dans ma peau ? Est-ce que j'ai honte de mon physique, etc. Est-ce que j'en veux encore à quelqu'un à cause de mon corps ? Qu'est-ce que mon corps me rend capable de faire de bon moi-même.

Je suis unique au monde. Et j'ai une couleur à apporter à la beauté du monde. *(Pas de partage mais possibilité de parler à un animateur en entretien individuel après).*

3. Mon identité affective.

Grand groupe. *Schéma au projecteur ou sur tableau.*

En moi, il y a des **besoins** : manger, dormir, respirer, être touché mais aussi aimer et être aimé, etc. Quand ces besoins sont satisfaits, je ressens quelque chose qu'on appelle **émotions** (bien être, détente, dynamisme pour agir, gaité). Quand ces besoins sont bloqués, insatisfaits, je ressens aussi des émotions (choc, violence, frustration, peur). Mon cerveau réagit ; j'ai des pensées et des images qui me viennent ; l'émotion dure et je ressens des **sentiments** : colère, haine, joie amour, etc. Je suis alors **capable de réfléchir** sur ces sentiments, de parler de ces sentiments. C'est le propre d'un être humain. Cela influence mon caractère. Regardons de plus près comment toute ma personne est concernée par un choc extérieur.

Que se passe-t-il en moi quand je reçois un choc ? (*suivons le circuit*).

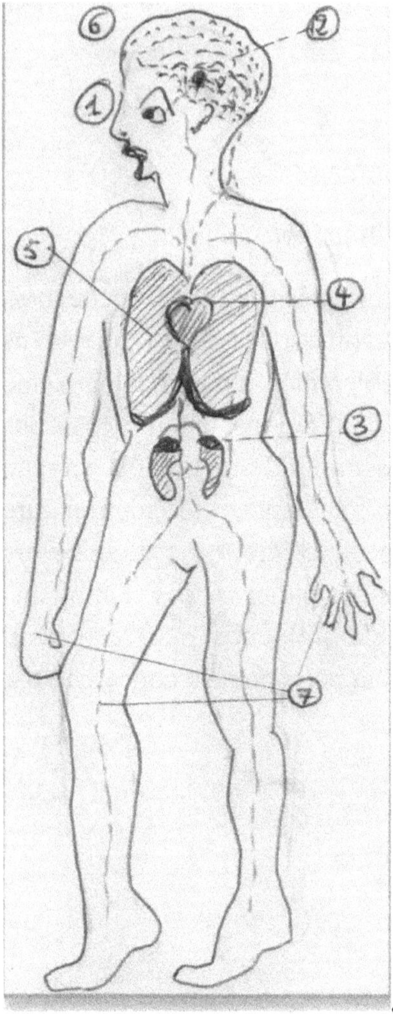

Je vois, par ex un serpent J'entends un bruit au cerveau .Choc !

2. Dans le cerveau un petit organe, l'hypothalamus, lance l'appel à **l'hypophyse.**

3. Celle-ci commande par la moelle épinière dans le dos, aux deux petites glandes qui sont placées au-dessus des reins. **Les surrénales.** Elles sécrètent **de l'adrénaline** dans le sang.

4. Mon **cœur** bat plus vite,

5. Mes **poumons** respirent très vite et profondément,

6. Retour au cerveau :

Si je sais ce qui se passe en moi, je suis capable de me contrôler et de prendre des décisions. Je peux choisir d'agir. La grandeur de l'être humain, c'est de pouvoir choisir. Sinon je ressemble à un animal qui ne raisonne pas. Je réagis instinctivement, sur le coup.

Si je suis blessé, je peux choisir de me guérir par moi-même et /ou de me faire aider : c'est un choix aussi.

2° séance

4. Mon identité d'exécutant.

Rappel de la séance précédente. J'appartiens à une famille, une ethnie, à des groupes, et j'ai un corps, et un caractère, mais je ne suis pas une statue. J'agis. Je pose des actes. Nous allons essayer de voir comment nous faisons les choses. Chacun a sa manière de faire.

L'exercice consiste à **créer** *quelque chose et ensuite à relire comment on a exécuté cette chose. Le mieux est de permettre à chaque participant de réaliser un modelage, tissage, tableau ou autre chose (la terre glaise a en plus l'avantage de relaxer). Ce n'est pas un concours d'œuvre d'art. Chacun façonne l'objet qui lui plaît.*

Relecture : pourquoi as-tu choisi cela ? Comment as-tu fait ? Essaie de te rappeler (certains pensent à l'avance l'objet et comment ils vont faire, d'autres ont une idée et improvisent en cours de route, d'autres improvisent. Certains vont très vite, parfois avec violence, d'autres lentement avec timidité ou/et avec précision, etc. *L'animateur aide la personne à voir intérieurement comment il agit.*

Maintenant je compare ma façon de modeler avec la manière dont j'organise une activité, ou la façon de me préparer à faire quelque chose, ou ma manière de jouer au foot. Généralement je constate que je m'y prends de la même manière. C'est très intéressant de voir comment dans une activité commune, en équipe, on peut se compléter.

Avec mon corps et mon identité affective, je suis aussi capable d'agir : soit sous le coup de mes besoins et émotions, c'est une réaction de l'animal en moi, soit selon mes sentiments et mes pensées, c'est une réaction d'être humain. J'ai conscience, je suis capable de choisir : c'est une réaction d'homme. **Je suis unique au monde capable de choisir. Et j'ai une couleur à apporter à la beauté du monde. J'apporte ma façon d'agir. Je suis responsable de mes actes : même si je suis détenu, je peux me comporter en homme libre.**

Réflexion personnelle. Quel est mon caractère (mes qualités, mes défauts) ?

Je me rappelle un choix : un jour j'ai vraiment **choisi** de faire quelque chose. Personne ne m'a poussé à le faire : le raconter en 5 minutes.

Petit groupe : partage Je me présente avec mon caractère : qualités et défauts. Je raconte un vrai choix que j'ai fait. Chacun parle à tour de rôle et écoute les autres.

L'animateur fait constater la richesse des différences : chacun est unique, a son propre caractère, des besoins et des sentiments différents des autres. C'est beau cette variété. Or nous sommes appelés à vivre ensemble.

Conclusion en grand groupe

Chacun est unique au monde. Nous avons en nous des richesses pour les autres. Les autres en ont pour nous. On parle de la famille humaine. Chaque personne a donc le droit d'être respectée tel qu'il est et puisqu'on est ensemble il a la responsabilité de respecter les droits des autres. Nous en parlerons la prochaine fois

« Celui qui perd son individualité perd tout. »
« Pour progresser, il ne faut pas répéter l'histoire,
mais en produire une nouvelle. Il faut ajouter
à l'héritage que nous ont laissé nos ancêtres. »

« Ne vous inquiétez pas tant de l'opinion d'autrui.
N'en faites pas la base de vos projets.
Penser par soi-même, en toute indépendance, est
signe d'intrépidité »

Mahatma Gandhi

FICHE PÉDAGOGIQUE 2

POURQUOI LA LOI ?

DROITS ET DEVOIRS

FICHE 2 POURQUOI LA LOI ? DROITS ET DEVOIRS

Objectif : formation aux valeurs citoyennes

Méthode : Jeu, exposé proactif en grand groupe ; recherche en petits groupes et expression, apport de connaissances historiques.

Logistique : tableau pour la rédaction des petits groupes, craie ou marqueurs ; sono, eau à la pause. Des casse-tête (ou puzzles) pour chaque groupe dont les éléments réunis figurent un tableau symbolique de la paix ou de la vie ensemble. (*On peut les fabriquer en collant un poster sur carton fort et en le découpant en menus morceaux pour faire un puzzle)*

Contenu.

Introduction dans les séances précédentes ; chacun et chacune ont pu comprendre qu'il (elle) est unique au monde avec ses qualités et ses défauts. Pourtant nous sommes faits pour vivre ensemble, sauf très rares exceptions. Pour un Africain, la plus grande pauvreté et détresse n'est-elle pas généralement d'être isolé ? Comment faisons-nous pour vivre ensemble ? Que faut-il ? Nous allons essayer d'y répondre par un premier exercice

1. Le jeu du puzzle ou casse-tête

Par petits groupes de 4 ou 5, on commence par jouer ensemble : reconstituer un casse-tête. *(On peut le faire sous forme de concours de rapidité entre les groupes. Chaque groupe présente aux autres sa réussite et fait deviner ce que cela représente et signifie).*

2. Exposé pro actif. *Grand groupe*

Réflexion : comment avons-nous réussi ? Cela ne demande-t-il pas de s'ajuster aux autres ? Peut-être de se partager les tâches ? Comment concrètement avez-vous fait ? Y a-t-il eu des personnes à part ? etc.

Finalement on comprend que chaque morceau, différent des autres, doit s'ajuster aux autres pièces pour constituer un tableau. Nous aussi, nous avons à nous ajuster pour créer une œuvre commune. S'ajuster c'est respecter les droits des autres et donner sa part au bien commun.

Prenons l'exemple d'un projet de groupe ou une activité, comme préparer une fête en famille. Que faut-il ? (un chef, un organisateur, une répartition des rôles et obéir à des règles ou coutumes).

Pour jouer au foot, il faut connaître la règle du jeu, etc.

Dans un village ou un quartier, il faut accepter des règles ; de même dans un pays : c'est la loi. Une infraction à la loi est une sorte de mépris ou d'injure pour le groupe ou le pays. En même temps c'est se désolidariser des autres citoyens.

C'est dangereux, car on ne peut plus attendre la protection de nos propres droits par le groupe ou le pays que l'on méprise.

La société internationale a établi la ***Déclaration des Droits Humains*** pour que tous soient respectés et que tous soient heureux. En fait ces droits sont ce que tout homme ressent en lui-même de bon pour sa vie. On est passé du droit naturel au droit positif. Chaque pays édicte des lois. Mais parfois, dans certains pays, les lois ne sont pas conformes à la Déclaration Universelle des Droits Humains (10.12.48). Nous allons regarder de près cette DUDH et voir si aujourd'hui elle est respectée. Lorsqu'il y a un droit, il y a nécessairement un ***devoir*** de le respecter.

<u>Petits groupes</u>. Chaque groupe reçoit sur papier l'énoncé d'un ou deux articles de la DUDH *(voir texte annexe à cette fiche)* et réfléchit :

- ce droit est-il important pour le bonheur d'une société ?

- autour de nous, ce droit est-il respecté ? Si oui, comment ? Si non, pourquoi ? Que faudrait-il faire pour que cela soit respecté ?

- Est-ce que j'ai moi-même souffert de voir ce droit non respecté pour moi ou ma famille ?

(*Pour les détenus)* Entre nous à la prison les droits humains, sont-ils respectés ?

<u>Grand groupe</u> : remontée des petits groupes. Le formateur demandera au public de dire quel droit est lésé dans le meurtre, le vol, le viol, l'inceste, les coups violents, les fraudes, etc.

Dans le pays, les droits humains n'ont pas toujours été respectés pourquoi ? Discrimination culturelle, ethnique et sexuelle. Le formateur peut accompagner l'échange de projection ou présentation d'images de situations humaines où droit et devoirs sont respectés et où droits et devoirs n'ont pas été respectés. Ces infractions à la loi provoquent le malheur. Pourtant il est possible de redonner du bonheur à un pays meurtri par l'injustice. Nous le verrons plus tard.

ANNEXE

DÉCLARATION UNIVERSELLE DES DROITS HUMAINS

PRÉAMBULE *Extrait*

Considérant que la reconnaissance de la dignité inhérente à tous les membres de la famille humaine et de leurs droits égaux et inaliénables constitue le fondement de la liberté, de la justice et de la paix dans le monde.

Considérant que la méconnaissance et le mépris des droits de l'homme ont conduit à des actes de barbarie qui révoltent la conscience de l'humanité et que l'avènement d'un monde où les êtres humains seront libres de parler et de croire, libérés de la terreur et de la misère, a été proclamé comme la plus haute aspiration de l'homme.

Considérant qu'il est essentiel que les droits de l'homme soient protégés par un régime de droit pour que l'homme ne soit pas contraint, en suprême recours, à la révolte contre la tyrannie et l'oppression.

Considérant qu'il est essentiel d'encourager le développement de relations amicales entre nations…

Article premier. Tous les êtres humains naissent libres et égaux en dignité et en droits. Ils sont doués de raison et de conscience et doivent agir les uns envers les autres dans un esprit de fraternité.

Article 3. Tout individu a droit à la vie, à la liberté et à la sûreté de sa personne.

Article 4. Nul ne sera tenu en esclavage ni en servitude ; l'esclavage et la traite des esclaves sont interdits sous toutes leurs formes.

Article 5. Nul ne sera soumis à la torture, ni à des peines ou traitements cruels, inhumains ou dégradants.

Article 6. Chacun a le droit à la reconnaissance en tous lieux de sa personnalité juridique.

Article 7. Tous sont égaux devant la loi et ont droit sans distinction à une égale protection de la loi. Tous ont droit à une protection égale contre toute discrimination qui violerait la présente Déclaration et contre toute provocation à une telle discrimination.

Article 8. Toute personne a droit à un recours effectif devant les juridictions nationales compétentes contre les actes violant les droits fondamentaux qui lui sont reconnus par la constitution ou par la loi.

Article 9. Nul ne peut être arbitrairement arrêté, détenu ou exilé.

Article 10. Toute personne a droit, en pleine égalité, à ce que sa cause soit entendue équitablement et publiquement par un tribunal indépendant et impartial, qui décidera, soit de ses droits et obligations, soit du bien-fondé de toute accusation en matière pénale dirigée contre elle.

Article 18. Toute personne a droit à la liberté de pensée, de conscience et de religion ; ce droit implique la liberté de changer de religion ou de conviction ainsi que la liberté de manifester sa religion ou sa conviction seule ou en commun, tant en public qu'en privé, par l'enseignement, les pratiques, le culte et l'accomplissement des rites.

Article 19. Tout individu a droit à la liberté d'opinion et d'expression, ce qui implique le droit de ne pas être inquiété pour ses opinions et celui de chercher, de recevoir et de répandre, sans considération de frontières, les informations et les idées par quelque moyen d'expression que ce soit.

FICHE PÉDAGOGIQUE 3

LA GESTION DES CONFLITS

FICHE 3 CONFLIT & GESTION DES CONFLITS

Objectif : *apprentissage du règlement de conflit*

Méthode : alternance exposé en grand groupe, sketches. Recherche en petits groupes : appel à l'expérience. Power point. Jeu de rôle.

Logistique : tableau ou papier pour la rédaction des petits groupes, craies ou marqueurs ; sono, sièges, eau à la pause. Le poster des chèvres ci-dessous ;

I. À la découverte du conflit (conflit interpersonnel)

Objectif : apprendre aux participants à appréhender le conflit comme un phénomène inhérent aux relations sociales.

Exposé *I.* Qu'est-ce qu'un conflit ? *Grand groupe*

(Demander aux participants de dire en un mot ce qu'ils entendent par le mot conflit). Le conflit se définit comme une situation d'opposition, de dispute, de désaccord, de crise, de tension, de querelle entre deux ou plusieurs personnes qui ont ou qui croient avoir des intérêts, des valeurs et des buts incompatibles. Les conflits posent beaucoup de problèmes aux individus, aux familles et aux groupes sociaux. Il fait souvent partie des relations humaines et donc de notre vie en société. Partout, là où vivent des hommes ensemble, il y a toujours des conflits interpersonnels qui les opposent de temps à autre. L'essentiel n'est donc pas de vouloir à tout prix éviter le conflit, mais plutôt d'apprendre à comprendre les situations et à les gérer ensemble de façon constructive et coopérative.

« Si tu veux la paix, et si tu connais le conflit, apprends à le gérer d'une manière positive, constructive et non violente » *(slogan à afficher)*

Il y a deux risques dans la façon d'aborder les conflits :

- Le premier est le fait de nier l'existence du conflit ou vouloir supprimer tout conflit. C'est le rêve d'un monde sans conflit.
- Le deuxième risque est le règlement du conflit par la violence (verbale, physique, psychique, structurelle c'est-à-dire imposer par un règlement, une institution, une situation injuste).

Comme il est fréquent qu'il y ait des conflits dans les relations humaines parce que nous sommes différents, il faut ***apprendre à gérer les conflits*** :

- Savoir gérer les conflits sans endommager les relations interpersonnelles.
- Savoir gérer les conflits sans tomber dans le piège de la violence.
- Apprendre à manifester le désaccord sans être destructeur et sans blesser l'autre.

II. Qu'est-ce qui provoque un conflit ? Les déclencheurs de conflits.

Les conflits ne naissent pas au hasard. Ils résultent de certains déclencheurs. (*Deux méthodes* : *Les animateurs présentent en* ***sketches*** *2 ou 3 cas qu'on analyse pour faire découvrir les déclencheurs de conflit. Ou bien le formateur fait chercher le public et écrit à mesure, sur un tableau, les déclencheurs ci-dessous*

- Non-respect des engagements.
- Non-respect des règles sociales, ou même de la règle du jeu.
- Violation de l'espace réservé à l'autre sa propriété ou son espace pour vivre par exemple en cellule.

- Refus de communication ou non-communication.
- Injures ou sous- entendus toxiques, blessants.
- Traitement inégalitaire
- Abus du pouvoir domination.
- Nier l'autre différent de moi, lui retirer toute valeur personnelle
  - Ignorer les désirs, les besoins et les intérêts de l'autre.

Petits groupes Partage d'expérience : connaissez-vous des conflits provoqués par un des déclencheurs ci-dessus ? Donnez un exemple. Racontez-le.

a. Dans votre environnement immédiat (famille, lieu de travail, école, association, cellule).
b. Dans l'histoire ou dans l'actualité (nationale, internationale)

III. *Pause*.

IV. *Grand Groupe* **Gérer les conflits**

Le conflit ne naît pas seulement parce qu'on n'est pas d'accord à propos d'un objet, d'un projet à faire ensemble, d'une façon de faire différente, mais, aussi à propos des opinions, des jugements ou simplement des impressions. On s'acharne sur une même proie, comme des chiens sur le même os. Tout peut devenir objet de conflit, ce qui veut dire qu'il n'y a pas de relations sociales sans conflit. Ce n'est pas un phénomène anormal ou pathologique, que l'on pourrait éliminer définitivement des relations sociales.

Mais que faire dans le cas d'un conflit ?

Attitudes et stratégies face au conflit

(On présente la page (ci-dessous) d'un dessin de chèvres pour amorcer la réflexion. Comment se sortir d'une situation si difficile ?)

On ne s'en sort que par le dialogue, la concertation.

Mais attention ! Dans le dialogue, face à un conflit, les acteurs adoptent différentes attitudes et stratégies. *(On écrit au tableau les gros titres en expliquant avec des exemples).*

- **DOMINATION-IMPOSITION :** dans la situation de domination et/ou d'imposition, on tente coûte que coûte d'imposer sa solution, c'est le plus fort qui s'impose, celui qui possède le pouvoir s'impose. ***(j'impose ma solution).***
- **LE REPLI-FUITE-EVITEMENT** : Ici on renonce à aborder le conflit, on évite le conflit et le résultat est tout le monde perd. ***(pas de solution)***
- **COOPERATION-COLLABORATION :** vous voulez comprendre l'autre et donc vous cherchez ensemble une solution. C'est notre solution et c'est la logique du gagnant-gagnant**.** ***(notre solution)***
- **COMPROMIS :** on négocie, on marchande, chacun lâche un peu, chacun donne un peu, on se met d'accord à mi-chemin en vue de sauver l'essentiel (la relation sociale ou le lien social). On gagne un peu, on perd un peu**.** ***(notre solution)***
- **SOUMISSION-ACCOMMODEMENT** : on s'accommode d'une solution qui ne convient pas, on se soumet, on cherche à préserver simplement la relation et ici le résultat est perdant/gagnant. ***(c'est ta solution, je me soumets)***

Comment s'en sortir quand on a faim et que la corde est trop petite pour atteindre la bonne herbe ?

Faut-il se mettre en colère, forcer les choses, se disputer, écraser l'autre ou bien… ?

Jeu de rôle

On simule une réunion où on tente de régler un conflit selon ces cinq possibilités. A chaque fois, on demande l'avis de l'assemblée qui approuve ou vient proposer une autre manière de faire.

On demande ensuite à quelques participants volontaires de faire un sketch à partir d'un petit récit proposé par eux. Ils représentent, par exemple, un règlement de conflit dans un village, ou une situation réelle de la vie en cellule carcérale. L'assemblée écoute et dit quel genre de solution ils ont trouvé en se référant aux cinq propositions ci-dessus. On conclut en faisant ressortir l'attitude de ceux qui veulent régler un conflit. On peut :

1. Changer sa manière de voir le conflit *(écrire au tableau)*

- Un temps de confrontation normale parce que nous sommes différents.
- Une occasion de recevoir de l'autre.
- Une occasion d'approfondir une question ou une relation.
- Une occasion de créer quelque chose de nouveau ensemble.

2. Se mettre dans de bonnes dispositions

- Choisir le bon moment et le bon endroit pour se parler
- Avoir une relation raisonnable avec l'adversaire : ni indifférence, ni fusion.
- Se respecter mutuellement.
- Parler une personne à la fois.
- Garder une juste distance : ni indifférence, ni fusion.

3. Se parler dans un respect réciproque

- Écouter l'autre sans l'interrompre,
- Accepter les silences
- Différencier l'acte de la personne

FICHE PÉDAGOGIQUE 4

VIOLENCE ET NON-VIOLENCE

Ce thème peut se traiter en deux séances : violence / non -violence

VIOLENCE NON-VIOLENCE

Objectif : *admirer la non -violence et découvrir les conditions pour la vivre.*

Méthode : exposé interactif, projection d'un film, analyse et échange sur le film en petits groupes

Logistique : vidéoprojecteur, DVD, micro, sono, sièges, boisson pour la pause.

Contenu

***1. Grand groupe*. Exposé : violence et non-violence**

Retour sur la séance précédente sur le conflit. Le conflit peut être violent.

La violence Qu'est-ce que c'est ?

Objectif : identifier la violence pour la maîtriser.

Méthode : recherche en groupe. Prévoir des exemples concrets pour illustrer les idées. Éventuellement un court métrage permettant d'analyser la violence. Le conflit sera étudié dans une autre séance.

Matériel pédagogique : un tableau, craie ou feutre, film.

I. VIOLENCE La violence, qu'est-ce que c'est ?

(En grand groupe) *Tempête de cerveau : ce mot vous évoque quoi ?*

Classer ensemble les différentes sortes de violence :

- Violences corporelles : coups, viol, braquage, meurtre…
- Violences verbales : injures, grossièretés, mépris, refus de parler…

- Violences structurales : contraintes exercées par une structure : locaux exigus, enfermement, pressions professionnelles, non-respect des droits humains…

Violences spécifiques selon les lieux

- Violences conjugales.
- Violences sur enfants : corrections brutales, pédophilie.
- Violences sportives.
- Violences causées sur malades, personnes âgées migrants, personnes vulnérables.
- Violences civiques et politiques (répression de l'opposition, slogans militants, fascisme…)
  - Violences des media : publicité exagérée, propagande, images difficilement soutenables par le public.
  - *Temps d'intériorisation* : je me rappelle un moment précis où j'ai été victime de violence.
  - *Partage* si on veut.

La violence, c'est nuire à la liberté et dignité humaine Du côté de la victime comme souvent aussi du côté de l'auteur de violence, il y a frustration d'un besoin (exemples).

2. Pourquoi la violence ?

(Faire parler le groupe et rassembler les idées en poussant l'analyse)

Il y a, en nous, une violence naturelle qu'on pourrait appeler énergie vitale qui a besoin de se déployer et qui est signe de vitalité : une force. Un nouveau-né qui ne crie pas inquiète. Tout animal peut devenir violent par mesure de défense.

- ***Cette énergie devient violence lorsqu'elle nuit à l'autre ou à soi-même.***

Du côté de l'auteur : quand la violence est réaction de défense, c'est qu'elle veut faire cesser une frustration. Cette frustration peut venir de la : difficulté à percevoir l'autre différent de soi. Cela engendre :

- la jalousie : vouloir avoir la même chose que l'autre, la volonté de dominer l'autre. Se faire valoir est souvent compensation d'un manque d'amour ou de confiance en soi.

- l'incapacité à maîtriser ses instincts, ses addictions (alcool, drogue, boulimie, être accro à la télé, pulsions sexuelles, etc... : toutes sortes d'esclavage moderne (par exemple consommation compulsive dans les supermarchés).

- l'incapacité de maîtriser la peur, l'isolement, les ressentis de quelque blessure.

- Chercher à se défendre contre une attaque personnelle ou l'attaque de quelqu'un de cher.

- ***Temps d'intériorisation puis partage si les participants sont volontaires***

Chacun est invité à se rappeler un moment précis où il a été auteur de violence et à chercher pourquoi.

Conclusion : la violence est une faiblesse, le signe d'un manque.

3. Comment prévenir la violence ?

3.1. Remèdes physiques :

- Chercher à combler le besoin insatisfait dans les limites de la vie en société. Faire du sport, se détendre, s'exprimer par une technique artistique, dormir, aménager si possible son cadre de vie.

- Respirer profondément face à une situation frustrante ou à l'angoisse.

- Ne pas s'exposer aux tentations de l'addiction.

3.2. Remèdes cognitifs : mobiliser mon intelligence

Se connaître, les points vulnérables de sa personnalité, et anticiper les risques de chute.

Travailler la confiance en soi, conscient de son originalité, ses capacités, ses compétences sociales.

Réaliser que chacun est unique au monde, soi-même et chacun des autres aussi. J'ai des qualités et des défauts et l'autre aussi. Chacun a quelque chose à apporter aux autres. Y réfléchir permet de relativiser ce qui me heurte chez l'autre et ce qui exciter ma violence en retour. Cela peut rendre service de relire son action et de constater les conséquences de ses coups de violence.

Pour se désarmer intérieurement, on peut aussi penser à des témoins de la non-violence, des personnes qu'on admire pour leur calme et parce qu'ils savent mettre la paix où ils sont. On peut surtout se rappeler un moment où on a été capable de se maitriser et réorienter ses forces du côté de ce qui nous a rendus heureux.

3.3. Remèdes affectifs

Cultiver la relation : chercher un groupe où je puisse me sentir bien et donner ma part de bonheur. Me disposer à écouter l'autre, le comprendre et si possible l'aider : aimer et me laisser aimer : par exemple trouver un bénévolat au sein d'une association au service d'autres personnes ou pour l'embellissement de l'environnement. Je peux aussi militer par des moyens non-violents pour une grande cause avec d'autres

En temps de crise

Extraits de Rod CARTER Programme de Justice réparatrice à Queen's University

En période de crise aigüe et d'affrontement, le souvenir qu'on garde des autres peuvent conduire à les « diaboliser » ; L'autre devient l'ennemi à abattre.

« Une personne qui est déshumanisée ou diabolisée se sent humiliée et dégradée, et elle est susceptible de se trouver en état de détresse. Cet état peut facilement se transformer en rage ou en désir de vengeance et faire ainsi augmenter d'autant plus les actes préjudiciables commis par la personne « rejetée » (cf pédophiles ou délinquants à risque dans nos sociétés) »

La persécution est en fait un acte délibéré et délibérément hostile qui vise à blesser, à faire naître la peur par la menace d'actes de violence supplémentaires et à engendrer la terreur... ; le tyran escompte que les spectateurs participeront aux actes de persécution ou, tout au moins, qu'ils ne feront rien pour y mettre fin. C'est ainsi que s'installe le cycle de la violence.

Toute tentative sérieuse visant à éliminer la déshumanisation et la diabolisation au sein de notre société devrait cibler le facteur de persécution qui est présent dans notre système scolaire, des petites classes à l'université. Dans les services correctionnels, le fait d'aider les délinquants à prendre conscience de de leur « mode opératoire » destructeur contribuera à faire de nos communautés des endroits sûrs. »

La capacité de faire le mal existe en chacun de nous. Refuser d'admettre cette vérité consiste à vivre dans un monde imaginaire aseptisé... Comme le dit le grand auteur russe Soljenitsyne, la ligne de démarcation entre le bien et le mal traverse le cœur de tout être humain. Qui est prêt à arracher une partie de son cœur ? »

« Il est temps dit Gandhi d'accepter la haine qui fait partie de nous. Les seuls démons qui existent sont ceux qui vivent ou plus profond de nos cœurs »... **Faisons la vérité pour aimer.**

II. Une autre voie : LA NON-VIOLENCE

1 *En grand groupe* : exposé sur la non-violence ?

Elle est parfois mal vue, mal acceptée. Celui qui essaie la non-violence entend : « tu n'es pas capable de te défendre ?

Pourtant la non-violence n'est pas faiblesse ou démission mais force au service de la justice, de la paix et de l'amour.

Des grands témoins de la non-violence : Jésus, Martin Luther King, Gandhi, Nelson Mandela, Desmond Tutu et beaucoup d'autres nous tracent la voie.

2. **Projection d'un film** par exemple « ***Invictus*** » ou « ***Gandhi*** *» (le film dure deux heures mais on peut en choisir des extraits :* par exemple le début puis la marche du sel) ou « Good bye Fofana » (Mandela et son geôlier*), etc.*

3. Par petits groupes : réflexion et échange sur le film

Faire remarquer les conditions et les avantages de la non- violence.

4. Retour en grand groupe : actualité du message de Gandhi

Gandhi présentait son programme en cinq points en brandissant les cinq doigts de sa main en criant « non ! » aux discriminations contre les intouchables, à l'inégalité des femmes, à l'hostilité entre groupes religieux, à l'abus des drogues et de l'alcool et à la dépendance économique.

En énonçant chaque point, il levait un doigt, puis il montrait son poignet : toutes ces actions doivent être menées par le moyen de la non-violence (*ahimsa*).

Non à l'inégalité des femmes

Non à la discrimination

Non à l'hostilité entre groupes religieux

Non à la dépendance économique

Non à l'abus de drogue et d'alcool

Expression :

- on peut inviter les participants à créer un dessin, une chanson ou autre sur le thème de la paix par la non-violence : œuvres que l'on pourrait envoyer à des détenus d'une autre ville ou d'un autre pays.
- ou bien réaliser par petit groupe une fresque commune exprimant ce qu'on a retenu
- Ou encore expliquer et illustrer l'une de ces paroles de Gandhi

Quelques paroles de Mahatma GANDHI

- *Une chose est sûre. Si la course folle aux armements continue, elle s'achèvera forcément par un massacre tel que l'histoire n'en a jamais connu.*
- *Quand bien même il resterait un vainqueur, la victoire serait une véritable mort pour la nation dominante.*
- *Nous ne pouvons échapper à cette malédiction qu'en acceptant sans peur ni conditions la non-violence et ses implications glorieuses.*
- *L'homme ne perd sa liberté que par faiblesse. »*
- *L'amour est la force la plus subtile qui soit.*
- *« Plus une force est efficace, plus elle est discrète et subtile.*
- *La loi de l'amour gouverne le monde ; La vie persiste face à la mort.*
- *La vérité triomphe du mensonge. L'amour l'emporte sur la haine. »*

FICHE PÉDAGOGIQUE 5

POUR COMMUNIQUER

APPRENDRE A PARLER DE SOI

FICHE 5 POUR COMMUNIQUER : APPRENDRE À PARLER DE SOI

Objectif : *Apprendre à parler de soi pour guérir de ses blessures et pouvoir participer aux rencontres entre offenseurs et victimes.*

(Cf. Marshall B. Rosenberg, *La Communication Non Violente au quotidien*, éditions Jouvence. (ISBN 2-88353-314-8) ou sur internet)

Méthode : Alternance d'activités personnelles, exposé proactif en grand groupe, petits groupes, jeu et exercices

Logistique : sono, post-it, affiches markers, PowerPoint.

Contenu :

1. Prendre conscience du poids de la parole :

Paroles de mort qui blessent ou tuent ; paroles de vie qui font grandir l'autre.

Exercice : chacun écrit sur un petit papier (post-it) :

- une parole qui pour lui a été poison ;
- une parole qui pour lui a été vie, encouragement, confiance ;

Les animateurs viennent les apposer sur affiches.

2. La parole au-delà des mots, le corps parle

Jeu : deviner les sentiments exprimés. *Quelques participants à qui on a remis sur papier le nom d'une émotion font deviner au grand groupe quelle est cette émotion ou ce sentiment (haine, joie, tristesse découragement, jalousie, méfiance, etc.).*

3. Apprendre à parler de ses émotions et sentiments. ***(Grand groupe)***

En nous il y a pensées, idées, images, sentiments reliés à des besoins vitaux. **Distinguer observation et évaluation.** « Je vois que tu as du mal à être exact » est *différent de* « tu es toujours en retard ». « Je te vois souvent passer en vélo à 8h devant chez moi, est-ce que tu t'ennuies ? Est *différent de* : « Tu es vraiment paresseux ! Tout le monde est au travail à 8h ! ».

Faire la différence entre ce que nous croyons que nous sommes et nos ***sentiments*** réels. Entre sentiments et autres formes de communication *(Faire des exercices).*

4. Conditions pour parler

Être conscient de ce qui se passe en moi.

Être en sécurité pour parler c'est être en confiance. Pour cela la confidentialité est exigée de tous pour tous.

Accepter de parler de sa blessure pour guérir.

Réflexion personnelle : Quel est mon sentiment actuel ? (Choisir dans une liste de sentiments). Ce sentiment vient d'un besoin. Lequel ?

5. Partage (*dans le petit groupe)*, *dans un climat d'écoute et la garantie de la confidentialité :*

Chacun exprime son sentiment actuel. L'animateur fait recentrer sur le sentiment précis ou le besoin. On termine le partage par une courte évaluation de ce qui s'est passé : les participants ont-ils été heureux de parler d'eux, libérés ?

6. Conclure à partir de là : la parole libère (*grand groupe)*

FICHE PÉDAGOGIQUE 6

POUR COMMUNIQUER EN PAIX

SAVOIR ÉCOUTER

FICHE 6. SAVOIR ECOUTER POUR COMMUNIQUER EN PAIX

Objectif : *Apprendre à écouter pour sortir de soi et s'ouvrir à l'autre. Se préparer aux rencontres offenseurs-victimes*

Méthodes : Exposé avec illustrations au PowerPoint.

Exercices d'écoute multiformes.

Logistique : Sono.

Contenu inspiré de Marshall B. Rosenberg, *La communication non violente au quotidien*, éditions Jouvence. (ISBN 2-88353-314-8) ou site internet

***En grand groupe* Exposé**

> « *Le premier service dont nous sommes redevables aux autres membres de la communauté, c'est de les écouter...* » (Dietrich Boenhoeffer, *De la vie communautaire*, Cerf, 1939).

L'écoutant est comme une sage-femme qui doit mettre au jour la vie, ou comme un sourcier qui détecte une source.

1. Les conditions de l'écoute

- ***Faire attention aux parasites de l'écoute* :**

Beaucoup de gens cherchent une oreille qui veuille les entendre, et ils ne la trouvent pas parce que les gens se mettent à parler là où ils devraient écouter. On peut écouter à demi, en se persuadant qu'au fond, on sait déjà tout ce que l'interlocuteur a à dire. C'est l'attitude impatiente, distraite, qui méprise le prochain et où l'on attend le moment de pouvoir enfin placer un mot pour être quitte.

Je pense à autre chose Je pense à mes idées. Je juge : bien ? Mal ? Je cherche une solution : « y a qu'à », je soutiens : « cela va aller »

Ou au contraire : *Je cherche à comprendre : je pense à ce qui se passe chez lui. Je fais des relances ou je fais préciser par quelques questions :*

« Est-ce que j'ai bien compris ? (et je tente une reformulation).

- ***Se préparer intérieurement : se dégager de toute peur.***

Avoir la conviction que mon interlocuteur a du prix comme personne humaine. Tout homme, même le criminel endurci est capable de résilience, de retrouver vie.

S'apprêter à renaître soi-même de cette rencontre de l'autre. Je ne suis pas au-dessus de l'autre pour déverser un enseignement, je chemine avec, en tentant de dégager le sable et la terre qui empêchent une source de sourdre.

Connaître mon ombre : tout ce qui m'a façonné de façon plus ou moins consciente : mon expérience, ma culture, mon éducation, ma couleur politique, mes réflexes ethniques, etc. pour m'en dégager le plus possible. Essayer de faire le vide pour être présent à l'autre et faire jaillir quelques pointes de vie en lui

Me dégager de tout jugement préétabli, et toute volonté de convaincre l'autre.

2. Le temps de l'écoute pour l'entretien interpersonnel ou dans un groupe

- ***J'accueille la personne positivement,*** le corps dégagé (pas de bras croisés), l'attitude en ouverture. Je me tiens devant elle comme vulnérable ou mendiant. Veiller aussi à l'environnement (comment est le lieu de la rencontre ?).

- ***Je manifeste de l'empathie***, ce qui est différent de la sympathie.

C'est-à-dire que j'entre dans ce que souffre l'autre, j'essaie de le comprendre, mais je n'épouse pas pour autant les émotions et sentiments de l'autre. Je lui fais connaître que j'ai entendu, et que je suis avec lui pour l'aider à porter cette souffrance.

- ***J'aide l'autre à s'exprimer***

Partir des faits pour saisir la perception des faits que l'autre a eue, puis faire surgir les émotions et faire émerger le mal en profondeur. « Qu'est-ce qui s'est passé ? Raconte-moi l'histoire. Comment tu vois ça ».

L'autre : « Celui- là. (*ton et geste de mépris*)	***Moi*** Celui-là ?
« C'est un menteur, un faux type ! »	-- Tu te sens trahi ?
« Ça m'a fait mal ! »	-- Mal ? Qu'est-ce que tu ressentais ?
« On n'est pas respecté »	-- Tu veux dire que tu n'as pas été respecté ? C'est ça ?

La technique de *la relance* permet de laisser un champ ouvert à l'expression. Exemple : « Tu as dit : J'étais écrasée de fatigue. Peux-tu nous en parler un peu ? » (L'autre poursuit, développe) ; Ou bien reprendre le dernier mot souvent en interrogation « tu t'es sentie méprisée ? ».

La technique du *miroir* permet d'aller un peu plus loin : on reformule ce que l'autre a dit, mais pour éviter de le frustrer en interprétant. Il vaut mieux commencer ainsi : *« Tu vas me dire si j'ai bien compris. Tu es en colère parce qu'il est venu chez toi, il t'a surpris, t'a volé »*. (Reprendre les termes de l'autre). - *« Tu ressens comme un abus de confiance. Est-ce bien cela ? »*.

- « *Oui j'ai peur pour mes enfants.* » - « *Tu as peur…* »

Recevoir sans amplifier ou réduire. Quelques questions parfois sont nécessaires mais seulement pour préciser ou faire approfondir mais non par curiosité. À manier avec délicatesse. Ne rien dire qui sente l'interrogatoire et nuise au climat de confiance.

- ***Écouter sans juger. Au contraire, souligner le positif*** « *Tu es venu, tu as eu le courage de parler, tu cherches vraiment à te libérer* ».

Pause

Exercices en petits groupes Écoute mutuelle

L'animateur : « nous allons nous écouter mutuellement et essayer de parler de soi. Le grand avantage d'un groupe de parole c'est de ne pas se sentir seul dans sa souffrance ou sa frustration. Dans un groupe j'ai plus de chance de trouver quelqu'un qui comprend, qui vit quelque chose semblable à ce que je vis. Notre objectif est de nous aider mutuellement à nous libérer les uns par les autres de nos blessures par l'écoute.

Il y a des conditions à observer absolument :

Etre volontaire pour parler en vérité et pour écouter respectueusement les autres sans juger ; s'engager à garder la confidentialité de tout ce qui sera dit et fait ensemble. *L'animateur s'assure que tous les membres se sont affirmés et sont d'accord.*

1er Exercice de sortie de soi en se présentant deux à deux

L'un après l'autre, chacun se lève pour aller vers un autre en disant à haute voix son nom: « Bonjour, je m'appelle… et toi ? »

2ème Exercice de communication en triade (groupe de trois)

(*On se met trois par trois : un écoutant, un parlant, un observateur. Chaque personne de la triade aura tour à tour les trois rôles.)*

Voici un exemple de sujet à exprimer : ce qui habituellement me dynamise, me rend heureux c'est… Mais un jour… j'ai vécu un événement qui m'a choqué ou fait souffrir (*fait marquant)*

Une personne parle, une autre l'écoute et la troisième observe ce qui se passe.

3ème Exercice : relecture de ce qui vient d'être vécu.

Chacun s'exprime : c'était facile ? Difficile ? Je me sens comment. ?

Exercices en grand groupe : **Réflexion personnelle**

L'animateur fait remarquer : « vous avez sans doute constaté que se livrer et écouter demandait de perdre quelque chose de soi pour s'ouvrir à l'autre et lui donner quelque chose de notre vie. Prenons un temps de silence : je réalise personnellement les ***puissances de vie que j'ai offertes à l'autre ? Et moi, qu'est-ce que j'ai reçu de ces deux tours de table ?*** Est-ce que j'ai perçu des pointes de vie dans ce que les autres ont dit ? Et dans ce que j'ai révélé ? »

Silence puis partage à tour de rôle

Conclusion : Apprendre à parler et apprendre à écouter est un apprentissage de libération personnelle. Cela pourrait s'utiliser dans le domaine de la Justice. Nous parlerons une prochaine fois de cette justice qui libère, répare, transforme : c'est « La justice réparatrice ».

FICHE PÉDAGOGIQUE 7

SUR LE CHEMIN DE LA RÉCONCILIATION

FICHE 7 SUR LE CHEMIN DE LA RÉCONCILIATION

Objectif : s'acheminer vers l'objectif dernier du projet : la pratique de la Justice réparatrice

Méthode : exposé en grand groupe

Projection de témoignages ou du film *« L'Imam et le Pasteur »*[1]

Analyse en petits groupes

Logistique : vidéoprojecteur, micro ; sono, eau pour la pause

Contenu

1 **Exposé proactif : la réconciliation qu'est-ce que c'est ?**

Tempête de cerveau : *le mot « réconciliation » vous fait penser à quoi ? On note les mots exprimés par les participants. Puis on ajoute en commentant* ***ce qu'elle n'est pas*** *(au tableau)*

- pas une obligation, mais une proposition.
- Pas un oubli du passé mais un dépassement.
- Pas une soumission mais une victoire sur soi.

Ce qu'elle est :

- l'aboutissement d'une démarche personnelle ;
- le dépassement d'une situation ;

[1] *L'Imam et le Pasteur* documentaire réalisé par **Alan Channer** 2006 (39') ou vidéo sur internet *L'imam et le pasteur. Dieu sait* quoi (en anglais sous-titré en français) déc. 27,2009, Play RTS 54mn35.

- la réparation d'une relation rompue par la naissance d'une relation nouvelle.

Ce qu'elle suppose :

- Du temps :
- mettre au clair le différend et les conséquences de l'offense ;
- montrer ses blessures : en parler ;
- vouloir guérir : reprendre confiance en soi et en l'autre.
- vouloir s'ouvrir à l'autre, c'est-à-dire reconnaître qu'il est digne de confiance ;
- - accepter la rencontre.

On a souvent besoin d'un intermédiaire, d'un médiateur pour cela.

2 Projection du film *: l'imam et le pasteur* *(réconciliation de deux groupes religieux ennemis).*

Dans les années 1980, le pasteur James Wuye et l'imam Muhammad Ashafa de la ville de Kaduna, au Nigeria, étaient à la tête de milices ennemies engagées à défendre leurs communautés religieuses. Lors de violentes batailles, le pasteur James a perdu une main et l'imam Ashafa a vu mourir ses proches. Aujourd'hui, les deux hommes sont co-directeurs du centre de médiation interreligieux musulman et chrétien de leur ville. Un émouvant témoignage sur la réconciliation et le pardon (on le trouve sur internet).

3. Réflexion sur le film en petits groupes

- Qu'est-ce qui divisait les deux groupes ?

- Qu'est-ce qui a fait tomber les préjugés ?

- Comment ont-ils pu se parler et vivre en frères à la fin ?

4. Exposé : Comment pardonner ? ***En grand groupe***

Si nous nous sommes engagés dans la démarche de justice réparatrice, c'est peut-être que nous nous demandons si nous avons besoin de pardonner et comment faire concrètement.

Voici 5 étapes claires inspirées de Jean Monbourquette [2](prêtre psychanalyste québécois 1933-2011), qui décrivent la démarche à faire pour pardonner vraiment. Cette démarche est fondée en grande partie sur la dimension religieuse de notre existence, notre relation avec quelqu'un de supérieur à nous, mais attentif et aimant.

Pour ce que je connais de l'Afrique, j'ai constaté que la plupart des personnes croyaient en Dieu et l'honoraient dans des religions différentes. Le sacré est omniprésent dans la culture africaine, et c'est une richesse qu'elle apporte à la communauté internationale. Elle lui apprend « à respirer ».

Tout le monde peut pardonner, mais le croyant reconnaît qu'il y a deux éléments dans le pardon : **une part humaine et un don de Dieu**. Il va arriver un moment, dans la démarche de pardon, où quels que soient nos efforts humains, le pardon va nous être donné comme un cadeau. C'est particulièrement vrai pour les blessures graves et profondes.

Les croyants savent que ce cadeau vient de Dieu toujours prêt à nous pardonner et à nous donner son amour inconditionnel. La difficulté ne vient pas de Dieu, mais elle vient de notre part, de notre incapacité à nous laisser aimer. Comment va-t-on ouvrir notre cœur pour recevoir le pardon de Dieu ? Quelle est donc notre part humaine ? Quelles sont les étapes de la démarche d'homme ou femme responsable ?

---

[2] MONBOURQUETTE Jean *Comment pardonner ?*, 1992, Novalis/ Bayard, Ottawa/Paris.

1ère étape : décider de ne pas prendre le chemin de la vengeance.

Il est très important que cette décision soit prise avant que l'offense arrive. Sinon, lorsque le mal arrive, si cette décision n'est pas prise, nous allons penser immédiatement à nous venger et nous risquons de passer à l'acte.

Il est aussi très important d'essayer de faire cesser l'offense. Le pardon est difficile et ne tient pas longtemps tant qu'une personne perpétue son offense sur nous. Il faut décider de discuter avec cette personne pour lui demander de cesser de nous blesser. Cela demande du courage. Souvent, certains cachent leur manque de courage en disant : « Je préfère lui pardonner gratuitement. Peu importe sa réaction ». D'autres ajoutent : « D'ailleurs, il n'est pas capable de me comprendre ».

Mais la vérité est que la plupart des gens ne peuvent réellement pardonner dans les conditions d'une offense continuelle. Ils étouffent leurs sentiments parce que c'est plus confortable pour eux. Faire savoir qu'on est blessé ne veut pas dire se mettre en colère contre l'autre. Nous avons vu que la non-violence est capable de faire face à une injustice qui nous est faite.

2e étape : reconnaître qu'on a été blessé

Lorsqu'on a souffert d'une injustice, d'une trahison, lorsqu'on a été insulté, on a parfois tendance à vouloir tout d'abord excuser l'autre, à vouloir oublier ou minimiser la faute. Parfois, c'est même l'offensé qui se sent coupable (dans les cas d'abus sexuels d'enfants, ce sont les enfants qui se sentent souvent coupables).

Il faut redresser cette situation-là et rentrer en contact avec sa blessure intérieure. Ce n'est pas facile. Nous avons des mécanismes de défense qui nous empêchent de vouloir trop souffrir. Nous avons peur aussi de rencontrer notre propre colère. Nous faisons toutes sortes de manœuvres pour ne pas entrer en contact avec nos émotions. Nous essayons d'excuser l'autre, de lui pardonner rapidement, beaucoup trop rapidement. Beaucoup de gens pardonnent trop vite, sans respecter ce qui se passe à l'intérieur d'eux-mêmes. Mais si on ne se libère pas de certaines émotions (douleur, tristesse, colère, frustration), on ne guérira pas. Pardonner demande du courage.

Reconnaître qu'on a été blessé veut aussi dire identifier ce qui a été touché en nous. Ce n'est pas jouer à la victime et se lamenter sur soi-même d'une façon générale. C'est important à la fois pour nous et pour les autres de savoir exactement ce qu'on a perdu. Dans tout pardon, il y a un "deuil" à faire par rapport aux attentes que l'on avait vis-à-vis de quelqu'un. Quand on peut ainsi repérer ce qui a été touché en nous (notre honnêteté, notre fidélité, notre compétence...), alors notre agressivité commence à fondre, parce qu'on pensait auparavant que c'était toute notre personnalité qui avait été atteinte.

3e étape : dire sa souffrance

Il faut extérioriser sa douleur pour pouvoir en faire quelque chose, la gérer, guérir. Écrire dans un cahier, parler à quelqu'un de confiance nous libère du poids de la blessure. Attention, il ne s'agit pas de parler pour se venger, dire du mal de l'autre. On a décidé de ne pas se venger. Il s'agit de parler de sa souffrance et de décrire des faits, pas d'interpréter des intentions. Il faut aussi trouver une personne assez mûre pour écouter nos doléances, sans que cette personne en vienne à mépriser celui qui nous a fait du mal ni qu'elle aille répandre partout la nouvelle. Il nous faut essayer de sortir de la solitude. Il y a des personnes qui meurent de ne pas pouvoir parler de leur souffrance, ne pas être capables de s'exprimer. Parler à quelqu'un permet d'y voir clair en nous et d'identifier ce qui a été touché.

4e étape : recevoir la guérison.

Le pardon total n'est pas possible si notre être intérieur n'a pas été guéri. La plupart du temps, parler à quelqu'un permet à la guérison de se faire en nous, avec le temps. Nous avons en nous une capacité intérieure réparatrice.

Pour le croyant, c'est là qu'intervient **Dieu. Un ami, un psychothérapeute peuvent nous aider à cheminer vers cette 4e étape, mais ils ne peuvent nous guérir.** Quand la blessure est trop profonde ou très ancienne, le moi intérieur n'a plus la force de réparer les dégâts. On a besoin de Dieu. Il est le premier à vouloir renouer la relation avec nous, le premier à nous vouloir en paix.

5e étape : s'ouvrir au pardon.

Une fois la guérison enclenchée, on peut dire : "Mon cœur est ouvert pour recevoir le don du pardon". En effet, on ne pardonne pas aux autres, on se laisse prendre par le pardon. Le pardon ne nous appartient pas. C'est pour cela que, lorsqu'on rentre dans une dynamique de pardon, on met sa volonté personnelle dans les premières étapes, mais une fois rendu à cette étape finale, il s'agit de devenir accueillant, réceptif à l'amour de Dieu. Est-ce à dire que si je ne suis pas chrétien, je ne suis pas capable de vrai pardon ? Non. La grâce de Dieu n'est pas limitée au christianisme. La grâce de Dieu vient sur toute personne bonne dont le cœur est ouvert. Ce qui est important, c'est de savoir qu'on ne donne pas le pardon, mais qu'on le reçoit.

Le vrai moteur pour le pardon, c'est de se savoir aimé profondément, inconditionnellement de Dieu.

Si vous vous sentez aimé(e) profondément, vous allez être capable de pardonner. Quelqu'un qui ne se sent pas aimé, peut-il aimer pleinement les autres ? Si vous avez l'impression qu'on ne vous a rien pardonné dans votre vie, allez-vous être capable de pardonner à d'autres ? En même temps, il n'y a rien de plus difficile que de recevoir quelque chose d'une manière gratuite. On a toujours l'arrière-pensée qu'il y aura quelque chose à payer. Quand vous entrez dans le monde du pardon, vous entrez dans un monde d'abondance, de générosité, La générosité gratuite de Dieu. Il n'y a pas de rationalité possible là-dedans.

6e étape : après le pardon : que faire de la relation avec l'offenseur ?

On a le choix. Est-ce que je me réconcilie avec la personne ou pas ? Si tu te réconcilies avec la personne, la relation ne peut plus revenir comme avant. Lorsqu'il y a eu une blessure entre deux personnes, le seul chemin positif, c'est l'approfondissement de l'amour entre ces deux personnes, décidé d'un commun accord. Quand on peut souffrir ensemble et accepter cette souffrance-là, il y a une sorte d'approfondissement. Un amour qui n'a pas souffert est un amour qui manque de profondeur. On le voit chez les couples.

Toutefois, dans certaines situations, il ~~est~~ vaut mieux qu'il n'y ait pas de réconciliation physique, si la personne n'a pas changé par exemple, car elle peut encore agresser.

Questions et échange sur l'exposé.

FICHE PÉDAGOGIQUE 8

QU'EST-CE QUE LA JUSTICE RÉPARATRICE ?

FICHE 8 QU'EST-CE QUE LA JUSTICE RÉPARATRICE ?

Objectif : *faire la préparation immédiate de la session de rencontres offenseurs / victimes RDV ou ROV.*

Méthode : exposé proactif en grand groupe, petit groupe pour assimilation.

Logistique : micro, sono, sièges, eau à la pause.

Contenu

1. Introduction *En grand groupe*

Relecture des acquis Rappel de ce qui a été appris et expérimenté ensemble. Tout cela nous prépare à vivre une expérience de justice réparatrice. Qu'est-ce que la justice réparatrice ?

2. Partage sur la justice traditionnelle africaine. *Petits groupes :*

Comment les anciens rendaient-ils la justice dans votre famille ou votre village ? Connaissaient-ils la prison ? Le délinquant réparait-il sa faute ?

3. Exposé : la justice réparatrice : une justice nouvelle enracinée dans la tradition africaine

Grand groupe *(Reprendre les idées principales de la 1ère partie de cet ouvrage)*

- Remontée des petits groupes sur la justice traditionnelle. Points communs. Circulation de la parole. Présence du village, parce que la collectivité est touchée par un seul acte criminel. Parenté avec la forme de justice appelée *justice réparatrice.*

- La justice réparatrice moderne : histoire des jeunes délinquants de Kitchener et de leurs éducateurs.
- Expansion dans le monde de la justice réparatrice.
- Une façon de faire justice par la communication entre des personnes qui ont été en conflit ou qui se sont attaquées et qui sont volontaires pour se rencontrer.
- Une manière de se rencontrer pour se comprendre.
  - Une manière de chercher ensemble comment se réconcilier ou réparer des torts.
  - La justice réparatrice n'est pas un procès, ni une manière de faire enquête sur des événements ou sur des personnes.
  - La justice réparatrice se penche sur les conséquences d'un acte, sur les dommages causés, sur les torts subis.
  - La justice réparatrice est ouverte sur l'avenir.

  - **Plusieurs formes possibles** : la médiation, Le cercle familial, Le cercle de détermination de la peine, les rencontres détenus-victimes (forme proposée).
  - **Pourrait se pratiquer à plusieurs moments possibles** du processus judiciaire : avant mandat de dépôt, après instruction avant sentence, après sentence en détention pour les offenseurs et après la sortie de prison.
  - **La justice réparatrice permet de se transformer,** de se libérer des souffrances et des préjugés qu'on peut avoir les uns sur les autres.

Pause

4. Exposé : Comment se pratique la justice réparatrice

- Par la rencontre entre des **personnes** victimes et offenseurs en présence de personnes représentant la communauté des uns et des autres, et avec deux animateurs qui facilitent le dialogue. Dans un lieu sécuritaire

- Dans la **confidentialité**

- Explication sur le fonctionnement des rencontres et sur la possibilité de **s'inscrire** sur la liste des candidats au programme des Rencontres Offenseurs Victimes (ROV).

5. Réponses aux questions des participants

6. Réflexion personnelle :
Est-ce que je suis prêt(e) ? Si oui je fais ma demande en disant pourquoi.

7. Convocation de ceux qui font la demande en vue d'un entretien individuel qui permettra la sélection des participants aux rencontres futures et leur organisation.

TABLE DES MATIÈRES

PREMIERE PARTIE

DEUXIEME PARTIE

GUIDE PEDAGOGIQUE
Outils d'animation

Structures éditoriales du groupe L'Harmattan

L'Harmattan Italie
Via degli Artisti, 15
10124 Torino
harmattan.italia@gmail.com

L'Harmattan Hongrie
Kossuth l. u. 14-16.
1053 Budapest
harmattan@harmattan.hu

L'Harmattan Sénégal
10 VDN en face Mermoz
BP 45034 Dakar-Fann
senharmattan@gmail.com

L'Harmattan Cameroun
TSINGA/FECAFOOT
BP 11486 Yaoundé
inkoukam@gmail.com

L'Harmattan Burkina Faso
Achille Somé – tengnule@hotmail.fr

L'Harmattan Guinée
Almamya, rue KA 028 OKB Agency
BP 3470 Conakry
harmattanguinee@yahoo.fr

L'Harmattan RDC
185, avenue Nyangwe
Commune de Lingwala – Kinshasa
matangilamusadila@yahoo.fr

L'Harmattan Congo
67, boulevard Denis-Sassou-N'Guesso
BP 2874 Brazzaville
harmattan.congo@yahoo.fr

L'Harmattan Mali
ACI 2000 - Immeuble Mgr Jean Marie Cisse
Bureau 10
BP 145 Bamako-Mali
mali@harmattan.fr

L'Harmattan Togo
Djidjole – Lomé
Maison Amela
face EPP BATOME
ddamela@aol.com

L'Harmattan Côte d'Ivoire
Résidence Karl – Cité des Arts
Abidjan-Cocody
03 BP 1588 Abidjan
espace_harmattan.ci@hotmail.fr

Nos librairies en France

Librairie internationale
16, rue des Écoles
75005 Paris
librairie.internationale@harmattan.fr
01 40 46 79 11
www.librairieharmattan.com

Librairie des savoirs
21, rue des Écoles
75005 Paris
librairie.sh@harmattan.fr
01 46 34 13 71
www.librairieharmattansh.com

Librairie Le Lucernaire
53, rue Notre-Dame-des-Champs
75006 Paris
librairie@lucernaire.fr
01 42 22 67 13

www.ingramcontent.com/pod-product-compliance
Lightning Source LLC
LaVergne TN
LVHW011310061026
849535LV00005B/1482